Günther Pfeifer | Gerhard Hohlstein
Franziska Wohlmann–Pfeifer

111 Orte
im Weinviertel,
die man gesehen
haben muss

emons:

Bibliografische Information der Deutschen Nationalbibliothek
Die Deutsche Nationalbibliothek verzeichnet diese Publikation
in der Deutschen Nationalbibliografie; detaillierte bibliografische
Daten sind im Internet über http://dnb.d-nb.de abrufbar.

© Emons Verlag GmbH
Alle Rechte vorbehalten
© der Fotografien: Günther Pfeifer, Gerhard Hohlstein,
Franziska Wohlmann-Pfeifer, außer:
Ort 24: www.pixabay.com/Felix Mittermeier
© Covermotiv: shutterstock.com/Richard Semik
Layout: Eva Kraskes, nach einem Konzept
von Lübbeke | Naumann | Thoben
Kartografie: altancicek.design, www.altancicek.de
Kartenbasisinformationen aus Openstreetmap,
© OpenStreetMap-Mitwirkende, ODbL
Druck und Bindung: Grafisches Centrum Cuno, Calbe
Printed in Germany 2020
ISBN 978-3-7408-0843-3
Originalausgabe

Unser Newsletter informiert Sie
regelmäßig über Neues von emons:
Kostenlos bestellen unter
www.emons-verlag.de

Vorwort

Das Viertel unter dem Manhartsberg, wie das Weinviertel eigentlich heißt, hat viele Gesichter und viele Geschichten. Vor allem aber hat es Menschen, die es mit Leben erfüllen und die hier Spuren hinterlassen haben oder gerade dabei sind, solche zu schaffen. Menschen, die das Land gerodet und umgegraben haben, die es bepflanzt und bebaut haben, die etwas auf-, um- oder abgebaut haben, die gesammelt, gearbeitet und gestaltet haben. Ganz gleich auf welchem Gebiet sie tätig waren oder sind, eines ist denjenigen gemeinsam, die etwas Besonderes schaffen – sie brennen für ihre Sache. Freilich ist auch die Landschaft selbst interessant, Klima und Natur haben es gut gemeint mit dem Weinviertel, es ist ein schönes, lebenswertes Fleckchen. Aber die meisten der besonderen Orte, die wir Ihnen hier vorstellen wollen, verdanken ihre Besonderheit dem Brennen engagierter Menschen. All jenen wollen wir dieses Buch widmen.

Wir haben uns bemüht, eine bunte Mischung aus romantischen Plätzen, interessanten Sammlungen, familienfreundlichen Zielen und beachtenswerten Bauten zusammenzustellen, die vielleicht noch nicht jedem bekannt sind. Hauptsächlich wollen wir aber mit Details und Geschichten zu den jeweiligen Orten aufwarten, die Sie vermutlich noch nicht gehört haben.

Viel Spaß im Weinviertel!
Franziska, Gerhard, Günther

111 Orte

1__ Die alte Mühle

Und neues Leben blüht aus den Ruinen

Das Klappern der Mühle am rauschenden Bach war ziemlich laut und die Arbeit der Müller schwer und gefährlich. Deshalb hat Mühlenexperte Dr. Otto Schöffl seine Probleme mit dem romantischen Bild, das wir uns heute machen: »Mühlen waren seit 3.000 Jahren sichtbare Zeichen des technischen Fortschrittes. Sie waren nie lieblich.« Als ein gewisser Vitruvius, vermutlich aus Bequemlichkeit, in Rom die erste Wassermühle Europas bauen ließ, begann die erste technische Revolution. Im Weinviertel stehen noch Hunderte mehr oder weniger gut erhaltene Exemplare.

Die Voglsangmühle, benannt nach Müllermeister Anton Voglsang, der sie 1828 kaufte, hatte einst ein oberschlächtiges Wasserrad, das vom Göllersbach angetrieben wurde. Die Bauern, die hier das Korn mahlen ließen, wurden von etwas anderem angetrieben. Um sich nämlich gegen die Konkurrenz durchzusetzen, hatte sich der Müller ein marketingtechnisches Meisterstück geleistet: eine dralle Magd, die im »roten Zimmer« den Wartenden die Zeit vertrieb – so die Mär. 1930 war Schluss mit lustig, der Mühl- und sonstige Betrieb wurde eingestellt. 1950 wurde der Göllersbach begradigt und damit die Möglichkeit, eine Mühle anzutreiben, begraben. Danach hielt eine Perlmutt-Pfeifen- und Knopffabrik Einzug in die alten Gemäuer. Es folgte eine Schlosserei und schließlich eine Tischlerwerkstatt, die übrigens bis heute bestens ausgestattet erhalten geblieben ist.

Das wird sie vermutlich auch weiterhin bleiben, denn die Besitzer Ulrich Weitschacher und Lena Mayr restaurieren das Gebäude gerade mit viel Liebe und Sachkenntnis, um neben Wohnräumen und Gastzimmern auch Veranstaltungs- und Schauräume einzurichten. Lena Mayr hat ihre Diplomarbeit dem Thema gewidmet. Die erste Ausstellung fand bereits statt, es geht voran. Und so wandelt sich das kostbare Weinviertler Kulturgut »Mühle« erneut – und bleibt uns gerade dadurch erhalten.

Adresse 2031 Altenmarkt im Thale 2, Tel. 0676/9484120 | **Anfahrt** Hollabrunn,
B40 Richtung Ernstbrunn, bis Altenmarkt, im Ort links | **Öffnungszeiten** Führung
nach tel. Vereinbarung | **Tipp** Die Suche nach dem verschwundenen Ort Krales ist
eine spannende Herausforderung (www.enzersdorf-im-thale.at).

2 Die Erdställe

Geheimnisvolle Urgroßväter der Keller

Sie finden sich in weiten Teilen des nördlichen Mitteleuropas – die Erdställe. Gleich vorweg, der »Stall« in Erdstall hat nichts mit Tieren und ihrer Unterbringung zu tun, vielmehr bedeutet es »Stelle« oder »Stollen«. Viele dieser Erdbauten befinden sich im Viertel unter dem Manhartsberg, wie man das Weinviertel zur Zeit des Erdstallforschers Pater Lambert Karner nannte. Er selbst, oft als »Höhlenpfarrer« tituliert, war der Erste, der diese Bauten in großem Umfang besichtigt und vermessen hat. Laut seinen Berichten sollen manche Ortschaften regelrecht unterminiert sein.

Den tatsächlichen Sinn und Zweck dieser Röhren versteht man noch immer nicht recht und versucht sich in oft recht verwegenen Deutungen. Allerdings gibt es für keine der Theorien schlüssige Beweise. Es existieren nur wenige Fundstücke aus den mysteriösen Höhlen, die kaum etwas verraten. Nach derzeitigem Forschungsstand wird ihre Entstehung im Mittelalter vermutet, sie könnte aber noch viel weiter zurückliegen.

Die Formen sind vielfältig, sie verlaufen gerade, kurvig, verwinkelt oder in Spiralform. Als Lagerraum sind sie zu klein und als Fluchtgang zu unpraktisch. Nur wenige besitzen enge Lüftungsröhren, welche man möglicherweise von Tieren graben ließ: Man setzte das Muttertier in einen kurzen Gang, der verschlossen wurde, und in einen zweiten, ebenfalls verschlossenen Gang die Jungtiere. Sofort begannen sie, sich einen Weg zueinander zu graben. Dadurch sind diese Röhren oft nur faustgroß und verlaufen meist kurvig. Nur die größeren konnte man unter Verrenkungen kopfüber durchkriechen.

Die Althöfleiner Erdställe wurden im letzten Krieg als Versteck genutzt und nun zu einem überaus interessanten Erdstallmuseum ausgebaut. Man kann sie sogar ein Stück durchkriechen, ein kleines Abenteuer, bei dem man die Nähe der Zivilisation richtiggehend vergisst, und sich sehr geerdet fühlt.

Adresse 2143 Althöflein 39, Kapellenberg, kulturamkapellenberg.grosskrut.at, Koordinaten 48.636760, 16.745764 | **Anfahrt** A5 bis Ausfahrt Großkrut, auf Poysdorfer Straße, nach 2,5 Kilometern abbiegen auf Lundenburgerstraße B47, dann rechts auf Bahnstraße nach Althöflein, zum Kapellenberg | **Öffnungszeiten** Erdstallmuseum: März–Nov. jedes 3. Wochenende ab 15 Uhr | **Tipp** Das Eisenhuthaus am Oberen Markt in Poysdorf und das Vino Versum, ein Erlebnismuseum zum Thema Wein an der Brünnerstraße, sind lohnende Ziele in der Nähe.

3 Der Teich

Flammende Fluten im Meer der Weinviertler

Die größte Wasserfläche des sonst so trockenen Weinviertels entstand bereits Mitte des 14. Jahrhunderts und ist der Rest einer aus 14 Teichen bestehenden Anlage, welche die Fürsten von Liechtenstein als Fischwasser zu nutzen gedachten. Leider endete ein Teil der Anlage bald als Sumpf, weil der Teich schwefelhaltige Quellen aufwies und so nicht zur Zucht von Speisefischen geeignet war.

Die heute 25 Hektar große Teichfläche hat eine wechselvolle Geschichte. Nicht nur, dass auch das verbleibende Gewässer trocken fiel und wiederholt als Feld herhalten musste, bei Aushubarbeiten entdeckte man Reste mittelalterlicher Ansiedelungen, welche natürlich untersucht und dokumentiert werden mussten. Die Wiedererweckung des Teiches fiel also jahrelang – nein, eben nicht ins Wasser, sondern der Forschung zum Opfer. Schließlich konnte der Ex-Teich aber doch noch geflutet werden, nur um in den 1830er Jahren erneut auszutrocknen.

Das traf sich allerdings damals gut, denn als im Jahre 1838 die »Kaiser-Ferdinands-Nordbahn« errichtet wurde, konnte man das zur Errichtung des Bahndammes nötige Erdmaterial vom Teichgrund verwenden. Seither wird der Teich durch eine Ziegelbrücke überspannt, welche im Büro von Carl Ritter von Ghega geplant wurde. Vielleicht erinnert sie auch deswegen ein wenig an die schönen Viadukte der Südbahn, jedenfalls ist sie die älteste Bahnbrücke Österreichs in Ziegelbauweise.

Schlussendlich geschah etwas, das Gewässern eher selten passiert – der Teich brannte, und das gleich drei Mal! Einmal wurde er mutwillig angezündet, und zweimal verursachte der Funkenflug einer Dampflok das Feuer. Wie das? In der Gegend gibt es Erdöl, und dieses wurde früher in offenen Rinnen von der Förderstelle zur Verladestation transportiert. So konnte fehlgeleitetes schwarzes Gold in den Teich gelangen und für flammende Fluten sorgen. Ein echtes Weinviertler Extra!

Adresse 2275 Bernhardsthal, Am Teich, Koordinaten 48.69276, 16.87373 | Anfahrt
A5 bis Poysdorf, rechts Poysdorfer Straße, in Großkrut links, B49 nach Bernhardsthal,
Schulstraße | Tipp Besuchen Sie die Warte am Hutsaulberg in Altlichtenwarth, um sich
in Weitsicht zu üben.

4__Der Kreuzweg

Das Vermächtnis der Köchin lebt weiter

Die Abscheu gegen die 1683 vor Wien geschlagenen türkischen Belagerer war noch tief in den Gemütern der Bevölkerung verankert, als dieser Kreuzweg geschaffen wurde. Es ist also kein Wunder, dass die Peiniger Jesu allesamt als Türken dargestellt wurden. Kaiphas trägt Turban, und Pilatus ist Pascha.

Der Kalvarienberg in Bisamberg wurde zum Dank für die Befreiung von Gräfin Buquoy-Strattmann gestiftet und von einem ungenannt gebliebenen Künstler 1696 fertiggestellt. Neben der turkophoben Gestaltung weist der Kreuzweg eine weitere Besonderheit auf, er hat nur elf Stationen. Das hängt damit zusammen, dass die heute bekannten Kreuzwege eine Erfindung des Barock sind und die üblichen 14 Stationen erst im Jahre 1731 festgelegt wurden. Der Bisamberger Kalvarienberg wurde der »Heiligen Stiege« Roms nachempfunden.

Die weitere Geschichte des Kreuzweges bleibt mit dem Thema »Belagerer« verbunden. In der Zeit der napoleonischen Kriege machten sich französische Soldaten 1809 einen Spaß daraus, Zielschießen auf die Figuren zu veranstalten, sodass bald die eine oder andere Hand und manchmal auch ein Kopf fehlte. Dass der schwer in Mitleidenschaft gezogene Kalvarienberg nicht als Geröllhalde endete, verdankt die Nachwelt keinem Denkmalamt und keinem Kirchenvater, sondern der frommen Köchin Cordula Baumgartner. 1824 opferte sie ihr gesamtes Erspartes und ließ den Kreuzweg renovieren. Gut 120 Jahre später taten es die Russen den Franzosen gleich und schossen ebenfalls auf die leidgeprüften Figuren. 2003 schließlich wurde mit finanzieller Unterstützung der Bevölkerung eine neuerliche Renovierung in Angriff genommen, die 2011 erfolgreich beendet werden konnte. Auf dem Stein mit der Inschrift »CB 1824« wurden die Initialen der Köchin schon Jahre zuvor ausgebessert, man meinte, dass hier GB für »Gemeinde Bisamberg« stehen sollte. So schnell geht es mit dem Vergessen.

Adresse 2102 Bisamberg Berggasse 12 | **Anfahrt** A22, Abfahrt Korneuburg und bis zur Abzweigung nach Bisamberg, dann die Hauptstraße entlang bis zur Amtsgasse, rechts zur Pfarrgasse beziehungsweise Berggasse abbiegen | **Tipp** Bergaufwärts geht's zur Lourdesgrotte, welche 1933 errichtet wurde, bergabwärts kommt man zur »Palette« in den Räumlichkeiten eines uralten Gasthofes mit wunderschönem Gastgarten.

5 _ Der Pranger
Der Kaiser als Retter einer schönen Verleumdeten

Der Sohn Maria Theresias, Kaiser Joseph II., hat viele Spuren hinterlassen. Er schaffte die Leibeigenschaft ab, ermöglichte durch das Toleranzpatent eine (beinahe) freie Religionsausübung, ließ zahlreiche »unproduktive« Orden auflösen und etliche Wallfahrtskirchen zerstören. Und in Bockfließ befreite er höchstselbst die letzte Gefangene vom Pranger und entriss sie so dem Spott und der Willkür des Pöbels.

Die junge Schöne hatte sich dem Liebeswerben eines Feldhüters verschlossen gezeigt, und dieser bezichtigte sie aus Rache des Spargeldiebstahls. Man glaubte dem Manne, fackelte nicht lange und kettete die Maid an den Pranger – zum Gaudium der Bevölkerung. Wie es das Schicksal wollte, fuhr ausgerechnet Joseph II. durch die Ortschaft und richtete sein Wort an die Gedemütigte. Diese stellte den Sachverhalt klar, der Kaiser glaubte ihr, ließ den Verleumder verhören – die Wahrheit kam ans Licht und das Mädchen frei. Bravo, Joseph! Auch wenn es vermutlich nur eine Geschichte ist – gerettet hat er viele vor dem Schandpfahl. 1783 wurde das öffentliche Anprangern verboten, und 1789 entzog Kaiser Joseph II. den Ortsrichtern die Strafgerichtsbarkeit ganz.

Das Besondere am Bockfließer Pranger ist der darunterliegende ehemalige Gemeindekotter, je nach Vergehen wurden die Verurteilten also zu ebener Erde oder im ersten Untergeschoß festgesetzt. Schlimmer war sicher der Pranger. Von 1417 bis 1783 gab es, zur Belustigung des Volkes, die Möglichkeit, sich am Leid der Delinquenten zu erfreuen. Die Sonderform der Schandpfähle mit Zellen war in Deutschland als »Narrenhäuslein« bekannt, in Österreich aber eher selten. Das Bockfließer Exemplar ist das einzige bis heute erhaltene. Obwohl die Niederösterreicher besonders fleißig beim Anprangern waren: Von rund 320 Exemplaren in Österreich stehen allein 245 in Niederösterreich. So viele wie sonst nirgends in ganz Europa.

Adresse 2213 Bockfließ, bei Hauptstraße 38 | **Anfahrt** S2 Richtung Gänserndorf, Ausfahrt Angerner Straße Richtung Gänserndorf, in Deutsch-Wagram auf die Bockfließerstraße links einbiegen und weiter auf der L13 bis zur Hauptstraße in Bockfließ | **Tipp** Abseits der Hauptstraße kann eine bemerkenswerte Kalvarienberggruppe bewundert werden.

6__Das Weingut

350 Jahre Familientradition im Presshaus von heute

Die 1.100 Kellergassen des Weinviertels haben eines gemeinsam: die romantischen Presshäuser werden größtenteils als Wochenendhäuschen, Partykeller, Heurigenlokale und Stüberl zweckentfremdet oder sind verwaist. Bei der Weinproduktion von heute spielen sie eine untergeordnete Rolle. Die alten Holzpressen sind längst Dekorationsstücke geworden – aber das jahrhundertealte Wissen und die Leidenschaft für Gewinnung und Ausbau des Weines sind geblieben. Das Weingut Heinzl-Gettinger ist ein Beispiel für diesen Wandel.

1672 findet sich die erste schriftliche Erwähnung des Namens Gettinger in Deinzendorf. Unfreie Bauern durften damals nur für den Eigenbedarf und die Abgabe an die »Herrschaft« keltern. Erst nach der Befreiung durch Joseph II. produzierte man für den Verkauf. Die Trauben wurden zur Lebensgrundlage. Die ältesten Kellerröhren finden sich in der sogenannten »Rondelle«, einer ehemaligen Lehmgrube in der Ortsmitte. Hier entdeckte man übrigens den Knochen eines Przewalski-Pferdes. Vielleicht der Beweis, dass auch diese jahrtausendealte Wildpferdrasse einen guten Schluck zu schätzen wusste.

Heute finden sich hier nur noch die Holzfässer für den Endausbau bestimmter Weine. Denn im Laufe der Zeit haben x Generationen der Familie den Weinbau erlernt, gepflegt und verändert. Zu diesen Veränderungen gehörten auch die Inbesitznahme des ehemaligen Gutshofparkes durch Grundstückstausch und die Schaffung einer neuen, zeitgemäßen Produktionsstätte. Seit 2017 werden hier Weine aus 13 Sorten produziert, deren jede einen anderen Boden bevorzugt. Nach der Weinlese geht es ab ins neue Presshaus, wo heutzutage »Prozesse besser beobachtet und gesteuert werden können als früher, was sich auf die Qualität des Weines positiv auswirkt«, wie Martin Heinzl, jüngster Spross der Winzerfamilie erklärt. Offenbar mit Erfolg, denn die Weine gewinnen regelmäßig Preise – auch bei internationalen Wettbewerben.

Adresse 2051 Deinzendorf 109, www.weingut-heinzl.at, Tel. 02945/2290 | **Anfahrt**
A22, S3 bis Guntersdorf, Richtung Retz, B30 bis Watzelsdorf, gerade Richtung Pulkau
auf B45 bis Deinzendorf, nach Ortsanfang rechts abbiegen (Beschilderung) | **Tipp** Im
benachbarten Zellerndorf öffnet das Hofcafé Prechtl samstags seine Pforten und verkauft
neben Kaffee und Kuchen außergewöhnliche Wohnaccessoires.

7 Der Jakobsweg
Wenn der Weg das Ziel ist

Der heilige Jakob hatte nie so viele Anhänger wie in der heutigen Zeit. Ganze Heerscharen von Pilgern wandern nun wieder auf dem Camino Francés, einer mittelalterlichen Hauptverkehrsachse in Nordspanien, die von den Pyrenäen zum Jakobsgrab in Santiago de Compostela führt. Einer Legende nach sollen seine Jünger die sterblichen Überreste Jakobs nach der Enthauptung einem Schiff ohne Mannschaft übergeben haben, welches im Nordwesten Spaniens anlandete. Man setzte den Leichnam im Landesinneren bei. Erst im 9. Jahrhundert wurde das Grab wiederentdeckt und darüber eine Kapelle, später eine Kirche und noch später eine Kathedrale errichtet.

Wem dieser Weg zu weit, das Ziel zu fern und der Aufwand zu groß ist, findet auch in unseren Breiten alles, was es zur Kontemplation, zum Pilgern und zum Anbeten des heiligen Jakob braucht. Das Weinviertel ist seit dem Jahr 2010 Teil der internationalen Pilgerbewegung. Auf einer Länge von 153 Kilometern führt der »Jakobsweg Weinviertel« von Drasenhofen bis Krems an zahlreichen Kirchen vorbei. Vier davon (Falkenstein, Leitzersdorf, Etsdorf und Brunn) sind Jakobskirchen. Aber auch wenn man keine religiösen Beweggründe hat, tut es gut zu wandern, Körper und Seele zu spüren und zu reinigen.

Von Drasenhofen aus zur Jakobskirche in Falkenstein, weiter über Maria Bründl bei Poysdorf und nach Mistelbach. Durch den Leiser Wald, entlang des Buschberges, führt der Weg nach Maria Oberleis und zum Bildungshaus Großrußbach. Danach über Karnabrunn und den Michelberg sowie den Waschberg zur Jakobskirche in Leitzersdorf. Von Stockerau und Hausleiten aus geht die Pilgerschaft weiter nach Stetteldorf und zur Kirche Maria Trost in Kirchberg am Wagram. Über Fels und Feuersbrunn gelangt man schließlich zu den Jakobskirchen von Etsdorf und Brunn im Felde. Über Rohrendorf erreicht man dann das Ziel, die Bürgerspitalkirche von Krems.

Adresse 2165 Drasenhofen (Parkmöglichkeit beim Gemeindeamt) bis Krems, www.jakobsweg-weinviertel.at, Tel. 02552/3515 (Weinviertel Tourismus), Koordinaten 48.756726, 16.646226 | **Anfahrt** A5 nach Drasenhofen | **Tipp** Individualisten starten in Krems und marschieren den Weg in entgegengesetzter Richtung.

8__ Die Hiatahitt'n
Gehe hin, stelle einen Wächter!

Wenn man das mit dem schönen Brandlhof gesegnete Radlbrunn in Richtung Hohenwarth verlässt, fährt man frohgemut zwischen Feldern und Weingärten übers Land und trifft auf der linken Seite der Straße auf die erste von zwei Hütten. Weiß leuchtet sie aus den um Radlbrunn liegenden Rebenfeldern hervor. Ein Stück des Weges weiter, etwas versteckt abseits des Asphaltbandes, steht die in sanftem Gelb gehaltene Hüter-Unterkunft von Ebersbrunn. Auch hier steht die übliche »Hiatastange« mit einer Kugeldistel als Bekrönung, welche den Wissenden anzeigt, dass hier der Hiata über die Weingärten wacht. Die Hütte in Ebersbrunn wurde bis 1953 jährlich ab dem 25. Juli bis zum Leseende vom Hiata benutzt.

Diese kleinen Häuschen sind, wie die allgegenwärtigen Presshäuser auch, ein weiteres, untrügliches bauliches Zeichen, dass man hier die flüssige Visitenkarte des Weinviertels kultiviert und schützt. Ob aus Holz oder festem Stein gemauert, sie waren Unterstand und Wachhaus, da es einst immer wieder vorkam, dass finstere Gesellen den Weingarten widerrechtlich von seiner Traubenlast befreien wollten. Wobei ein »finsterer Geselle« auch der gefürchtete Sturnus vulgaris sein konnte, gemeinhin als Star bekannt. Der fällt mit seinen Kumpanen gleich in großen Schwärmen über die süßen Trauben her.

Um diese Vielfresser von ihrer Tat abzuhalten, wurde damals mit allem, was zur Verfügung stand, Lärm gemacht – oft einfach mit der mitgebrachten Schrotflinte. Um menschliche Diebe abzuhalten, wurden die Büchsen mit spezieller Munition geladen, statt der Schrotkugeln waren sie dann mit grobem Salz oder Schweineborsten gefüllt, was den Verletzungsgrad senkte und doch ein Denkzettel war, wie mir einer der altgedienten Hüter erzählte. Solche Geschichten sind lange her, heute kann es sogar passieren, dass man von einem freundlichen Winzer Trauben zum Kosten bekommt.

Adresse 3711 Ebersbrunn, außer Ort, zwischen den Weingärten, Koordinaten 48.505654, 15.859556 | **Anfahrt** Ziersdorf, im Ort links, nach Radlbrunn, dort weiter L1251 Richtung Hohenwarth, beide Hütten stehen links der Straße | **Tipp** Der Barockgarten von Schloss Mühlbach, das Schloss selbst kann nicht besichtigt werden, der Park hingegen ist frei zugänglich.

9 Die Schaumühle

aÖ – Iss Dialekt

Eggenburg ist umkämpft, Wald- und Weinviertel erheben berechtigte Ansprüche auf die Stadt. Eine Stadt mit einer 460 Jahre alten Mühle, die wiederauferstanden ist. »Schuld« daran ist Georg Gilli V., der am selben Tag Geburtstag hat wie sein Ururgroßvater Georg Gilli I., der wiederum in Gaindorf eine Sägemühle besaß. 1933 hat er die alte Mühle in Eggenburg für Sohn Ignaz gekauft, der dort fortan Getreide mahlte.

Seither haben sich nicht nur Ausstattung und Antriebsarten der Walzmühle, sondern auch der Markt für Getreideverarbeitung gewandelt. 2004 wurde das letzte Mehl gemahlen, schon lange davor hatte sich der Betrieb in Richtung Getreidehandel entwickelt. Die auf dem Gelände stehenden Lagerhäuser blieben also gut gefüllt, nur gemahlen wurde nicht mehr. Aber »a oide Müh' steht ned stü'«, wie die Müller sagen. Georg V. hatte ein Wirtschaftsstudium in der Tasche und eine Idee im Kopf. Eine Idee, die 2013 Form annahm und sich zu einem Konzept mauserte. 2016 schließlich wurde die Schaumühle eröffnet, die allerdings viel mehr als ein Museum ist – man produziert hier feinste Öle der Premiumklasse. Dazu werden Kerne von Sonnenblume, Kürbis, Leindotter, Hanf und vom berühmten Omega-3-Star Lein verarbeitet.

Der Name ist Programm: »aÖ – Iss Dialekt« deutet schon auf die regional wachsenden Rohstoffe hin, und tatsächlich ist der am weitesten »entfernte« Zulieferer nur 30 Kilometer nahe. In die Verarbeitung der heimischen Pflanzen aus dem Wein- und Waldviertel steckt Georg Gilli ebenso viel Herzblut wie in seine Führungen durch die Schaumühle. Mühlsteine und Werkzeuge der alten Steinmühle, Diesel- und Elektromotor der nicht ganz so alten Walzmühle, eine echte Steinzeitmühle, eine sogenannte Ölkuh, ein Doppelwalzstuhl – und natürlich die Ölpressen, die heute in Verwendung sind. All das erklärt der Hausherr mit Fachwissen und einer guten Portion Schmäh. Und das »Ö«? Schmeckt!

Adresse 3730 Eggenburg, Erzherzog-Karl-Ring 17, www.iss-dialekt.at, Tel. 02984/26100 |
Anfahrt E49, B4 bis Maissau, dort auf L35 bis Eggenburg, Kreisverkehr, Ausfahrt Retz/
Pulkau, dann sofort links auf Erzherzog-Karl-Ring (entlang Teich) | **Öffnungszeiten**
Mo–Fr 8–12 und 13–16.30 Uhr, Führungen nach Voranmeldung | **Tipp** In der Nostalgie-
welt Eggenburg werden die 50er und 60er Jahre lebendig.

10 Das Forschungszentrum

Die mit den Wölfen tanzen

Über dem Tal thront das imposante Schloss Ernstbrunn, das bald einen runden Geburtstag feiert: den ersten Tausender. Während das Schloss selbst in Privatbesitz und nicht zu besichtigen ist, wurde der dazugehörige Wildpark ab 1975 der Öffentlichkeit zugängig gemacht. Vom Frettchen bis zur Gämse, vom Kaninchen bis zum Hirsch kann die ganze Familie heimische Haus- und Wildtiere aus nächster Nähe erleben. Die absoluten Stars der Truppe sind allerdings – die Wölfe.

Die veterinärmedizinische Universität Wien etablierte hier ab dem Jahr 2009 das Wolf Science Center, kurz WSC genannt. Ein internationales Forschungsteam stellt hier Studien zum Sozialverhalten und zur Intelligenzleistung von Wölfen und Hunden an. Untersucht wird vor allem, wie sich die domestizierten Hunde von ihren wilden Vorfahren unterscheiden, wenn sie unter gleichen Bedingungen aufgezogen werden und an Menschen gewöhnt sind. Dazu wurden diverse Intelligenz- und Geschicklichkeitstests entwickelt, anhand derer ein Team aus rund 40 Spezialistinnen die Entwicklung der Tiere über einen längeren Zeitraum beobachtet. Apropos lang: Das wahrscheinlich längste Freiluft-Laufband der Welt (10 mal 2,50 Meter) dient am WSC dazu, das Verhalten eines ganzen Rudels beim Laufen zu beobachten.

Man arbeitet vorwiegend mit amerikanischen Grauwölfen, die sich in Gefangenschaft wohler fühlen und daher besser für Studien geeignet sind als die europäischen Exemplare. Die Vergleichsgruppe der Hunde ist im wahrsten Sinne des Wortes gut durchmischt. Um die ganze Spezies »Hund« zu repräsentieren, kommen in Ernstbrunn hauptsächlich Mischlinge zum Einsatz, die »von allem etwas« haben. Das Wolf Science Center forscht aber nicht im Elfenbeinturm unter Ausschluss der Öffentlichkeit. Im Gegenteil! Man bietet Führungen, lässt beim Training zusehen, und ganz Mutige können sogar eine Kontaktexpedition buchen, bei der man im Rudel mitheulen kann.

Adresse 2115 Ernstbrunn, Dörfles 48, www.wolfscience.at, Tel. 0664/602572640 | **Anfahrt** A22 bis Korneuburg, dort B6 bis Ernstbrunn, L3087 bis Dörfles, Schildern zum Wildpark folgen | **Öffnungszeiten** Sommer Di–So 9–17 Uhr, Winter Sa, So und Feiertage 10–16 Uhr | **Tipp** Knapp außerhalb von Ernstbrunn liegt die Abfahrtsstelle der Weinviertler Draisinentour.

11 Die Ruine

Der imposanteste Anblick im Weinviertel

Falkenstein muss sein! Vor allem wenn man sich von der »Schoko-ladenseite« nähert, ist der Aha-Effekt beim Verlassen des Waldes ein großer. Um diesen zu genießen, muss man über die von Laa kommende Straße in die Falkensteiner Welt eintauchen. Natür-lich ist die dominierende Sehenswürdigkeit die alles überragende Ruine, welche erst ab dem 17. Jahrhundert zu dem wurde, was sie jetzt ist. Die Schwedeninvasion zuvor hatte sie noch unzerstört überdauert.

Sie ist aber bei Weitem nicht das Einzige, was die vinophile Gemeinde an Besonderem zu bieten hat. Bald schon taucht der imposante, im Untergeschoß romanisch und gotisch überbaute Turm der frühbarocken Kirche auf, die dem heiligen Jakobus dem Älteren geweiht ist. Parkt man am Fuße der Kirche, steht man auch gleich vor dem ehemaligen Pfarrhof, der Teil einer mittelalterlichen Wehranlage war. Von dort geht's über Stufen zur Kirche, die von einem malerischen Friedhof umgeben ist. Rechter Hand sieht man auf den Kreuzberg mit dem 1670 geschaffenen Kreuzweg und der dazugehörenden Grabkapelle am Gipfel. Schlendert man durch den Ort, findet man unterhalb des Pfarrhofes die alte Rossschwemme. Wer sich dort rechts hält, bekommt alsbald auch das aus der Spät-renaissance stammende Rathaus zu Gesicht. Und dann wäre da noch die »Oagossn«, auf gut Deutsch die Eiergasse, eine zweizei-lige Kellergasse mit 65 oft mit Sorgfalt renovierten Presshäusern. Sie ist eine der längsten des Weinviertels, und natürlich kann man hier einen der bekannten Falkensteiner Weine verkosten oder auch gleich trinken.

Ach ja, der Gassenname: In der Kellergasse, die auch ein histori-scher Handelsweg war, wurden früher regelmäßig Eiermärkte abge-halten. Und auch das Falkensteiner Berggericht hatte hier zwischen dem 13. und 18. Jahrhundert seine Heimat und entschied bei Streit-fragen rund um den lieben Wein.

Adresse 2162 Falkenstein, Koordinaten 48.72311, 16.58576 | **Anfahrt** A5, Abfahrt Poysbrunn, L23 bis Falkenstein, unterhalb der Kirche parken (für den Blick von der »Schokoladenseite« durch den Ort durch bis zum Waldanfang, dort am Parkplatz stehen bleiben und zurückschauen) | **Tipp** Die Entwicklung der Traktoren wird im Traktorium in Drasenhofen erlebbar (Öffnungszeiten April–Okt. Sa, So und Feiertage 14–18 Uhr oder unter Tel. 02554/8452).

12__Das Scherbenzimmer

Stumme Zeugen sinnlosen Wütens

Loosdorf ist schon an und für sich ein interessanter Ort. Streift man durch die Gemeinde, wird man immer wieder überrascht, sei es durch die im Ort verstreut liegenden Kunstobjekte oder durch die immer wiederkehrenden Ausblicke auf das majestätisch am Hügel thronende Schloss der Familie Piatti.

Es beherbergt ein interessantes Museum, welches zum einem die mit 14.000 Abgüssen größte Zinnfiguren-Sammlung Österreichs in schönen Dioramen zeigt und zum anderen das einzigartige »Scherbenzimmer«, welches an ein dunkles Kapitel in der österreichischen Geschichte erinnert.

Das Kriegsende war da und die beachtliche Porzellansammlung der Grafen Piatti noch unversehrt, in Kisten verpackt und im Keller eingemauert. Unter welchen Umständen auch immer fanden die russischen Besatzer den Porzellanschatz und zerstörten ihn gründlich. Die Scherben waren im gesamten Haus verteilt, sogar im Park fanden sich etliche. Möglich, dass die kostbaren Stücke zum Tontaubenschießen missbraucht wurden. Erst nach Abzug der Truppen wurde das volle Ausmaß des Schadens sichtbar. Man sammelte die Scherben ein und ordnete sie nach Manufakturen, um sie seither in einem der ehemaligen Prunkräume, welcher im Zustand von 1945 belassen wurde, auszustellen. In selbigem Zimmer sind immer noch die Einstiche der Bajonette in den Seidentapeten zu sehen, die von Soldaten auf der Suche nach Geheimverstecken gemacht wurden. Auch ein kyrillisch geschriebener Wegweiser findet sich hier.

Durch Zufall konnte man eine japanische Expertengruppe für die Fundstücke finden, welche zum Teil aus China und Japan stammen. Die Spezialisten begutachteten und ordneten die Scherben und konnten manche Teile sogar wieder zusammenfügen. Nicht zuletzt ist das Zimmer ein Synonym für die Sinnlosigkeit von Gewalt und Zerstörung in Kriegen einst und jetzt.

Adresse 2133 Fallbach-Loosdorf 1, schloss-erleben@verenapiatti.at, Tel. 02542/8222 | **Anfahrt** L3083 bis Loosdorf | **Öffnungszeiten** Mai–Okt. 1. So im Monat nach Voranmeldung | **Tipp** Durch den Ort schlendern, Kunst zum Nachdenken und zum Schmunzeln finden. Zum Beispiel das öffentliche Badezimmer an der Straße unterhalb des Schlosses.

13__Der Bienengarten
Wovon Maja ins Schwärmen gerät

Es ist eben nicht egal, was auf den Tisch kommt! Weder bei James Bond (Wodka Martini – geschüttelt, nicht gerührt) noch bei Honiggenießern (Bio-Honig – gepresst, nicht geschleudert) und schon gar nicht bei Maja, Sumsi und Co. (Königskerze, Natternkopf und Muskatellersalbei). Damit dies auch alles mit System geschieht, haben »die Bienenhüter« Margareta und Otto Stöger-Haselböck ihrem Vielvölkerstaat einen liebevoll und abwechslungsreich bepflanzten Garten angelegt, der keine (Speise-)Wünsche ihrer Untertanen offenlässt. Warum dieser Garten Eden für die fleißigen Bewohner so wichtig ist?

Das weltweite Bienensterben ist ebenso sehr eine Folge hemmungslos eingesetzter Pestizide zur Schädlingsbekämpfung in der Landwirtschaft wie der einseitigen Ernährung der Tiere durch riesige Monokulturen. Dadurch entstehen Mangelerkrankungen und Immunschwächen. In Österreich ist der Bestand seit den 1990er Jahren von rund 457.000 auf ungefähr 354.000 Völker gesunken. Aber stirbt die Biene – stirbt der Mensch, weil die Pflanzen nicht mehr befruchtet werden und Missernten Hungersnöte bedeuten.

Doch genug der Schwarzmalerei, kehren wir wieder in das kleine Bienenparadies zurück, wo jedes der Völker in extragroßen Rahmen in sogenannten Einraumbeuten lebt und wo nicht nur biologisches, sondern auch wesensgerechtes Imkern oberstes Gesetz ist. Das bedeutet unter anderem, dass Margareta und Otto ihre Schützlinge nach Herzenslust Waben bauen lassen, keine künstliche Königinnenzucht betreiben und das Brutnest als geschlossene Einheit belassen. Das gefällt den Bienen. Und den Menschen gefällt, dass der Honig nicht durch Schleudern, sondern durch Pressen gewonnen wird, dadurch behält er den inhaltsstoffreichen Pollen, auch als Bienenbrot bekannt. Kenner schwärmen von diesem naturbelassenen Honig. Und Maja? In diesem Bienenparadies darf sogar sie schwärmen …

Adresse 2132 Frättingsdorf, Anton-Haas-Straße 57, www.wirbienenhueter.at, Tel. 0699/18205576 | **Anfahrt** A5 bis Abfahrt Schrick, B7 und B46 Richtung Laa, bis Frättingsdorf, in Anton-Haas-Straße | **Öffnungszeiten** nach Vereinbarung | **Tipp** Der Frättingsdorfer Rundwanderweg »zur Mistelquelle« bringt uns an den Ursprung des Mistelbachs, des Namensgebers der größten Stadt im östlichen Weinviertel.

14 Der Guglhupfberg

Aushängeschild Weinviertler Besiedelungskeimzellen

Viel zu selten bemerkt und deshalb tatsächlich als »heimliches Wahrzeichen« der Region zu bezeichnen sind unsere Hausberge, die oft Herzstücke der Besiedlung waren. Unzählige sind es, an vielen Orten stehen sie, oft unerkannt und verborgen unter Bäumen oder getarnt als einfacher Grashügel. Dem geübten Auge erschließen sie sich natürlich, aber Vorsicht – sonst sieht man ihre Reste auch dort, wo einfach Mutter Natur ihre schöpferische Kraft spielen ließ.

Ihre Karriere haben die alten Wohnsitze des hohen Adels im 11. Jahrhundert oft bescheiden begonnen. Ein Holzaufbau, ein palisadengekrönter Wall – schon hatte man einen geschützten Stützpunkt, der auch den Dorfbewohnern Sicherheit gab. Die schönste dieser Anlagen, welche man den Kuenringern zuschreibt, finden wir im kleinen Ort Gaiselberg. Hier kann man deutlich die letzte, 16.000 Quadratmeter große Ausbaustufe mit drei Wällen erkennen. Zunächst wurde im 13. Jahrhundert die Holzburg mit einem steinernen Unterbau verstärkt, dann griff man wieder zum Spaten und errichtete noch zwei Wälle davor. Kaum 100 Jahre später bekam der Guglhupfberg, wie er im Volksmund wegen seiner Form genannt wurde, seine endgültige Form und wurde Sitz des Hochgerichtes. Bis ins 16. Jahrhundert bestand die immer weiter ausgebaute Steinburg, bis sie nach Bränden und Belagerungen nicht wieder aufgebaut wurde. Wie so viele Bauwerke verkam sie dann zum Steinbruch.

Bei Untersuchungen fand man heraus, dass es im Zentrum des »Festen Hauses« einen vier Meter tiefen, von einer Falltür verschlossenen Schacht gab, von dem aus mehrere Gänge, sogenannte Erdställe, wegführten. Allerdings ließ sich nicht mehr ermitteln, ob diese Gänge über die Wälle hinausführten und so bei einer eventuellen Flucht gute Dienste leisteten. War man erst einmal hier unten, so war man »wie vom Erdboden verschluckt« und für seine Mitmenschen nur mehr schwer zu finden.

Adresse 2225 Gaiselberg, Kellergasse, Koordinaten 48.531447, 16.714491 | **Anfahrt** A5, Ausfahrt Schrick auf L16, in Schrick links, Obersulzerstraße L16 folgen, Abbiegung nach Gaiselberg, im Ort bei Hinweisschild rechts auf Kellerberg | **Tipp** Nach etwas sehr Altem etwas Junges – das Nitschmuseum in Mistelbach zeigt Werke des Künstlers.

15__DAKIG

Der Andere Kulturverein Im Grenzbereich

Manchmal entdeckt man Perlen abseits der großen Häuser, die ja in den Händen der Schlager-Queens und Volks-Rock-'n'-Roller sind. Für den differenzierteren Musikgeschmack sind üblicherweise eine Handvoll Wiener Clubs zuständig. Im Umland jedoch sucht man solche meist vergeblich.

Man sagt gemeinhin »das« DAKIG – und meint die Location, dabei müsste es »der« DAKIG heißen, die Abkürzung des Vereins. Also: *Der* DAKIG ist nicht auf Jazz fixiert, sondern offen für alle Arten von Kunst und Kultur. Freilich ein wenig musiklastig war das Programm schon zu Beginn, als Dr. Rupert Lenhart, Arzt und Schlagzeuger, 1988 den Verein in Oberweiden gründete. Damals veranstaltete man Konzerte und Theater in Wirtshäusern, ehe 1995 das Kellerlokal in der Bahnstraße in Gänserndorf bezogen wurde. Seither bespielten ganze Heerscharen von Theaterleuten, Musikern und Kabarettisten die kleine, feine Bühne. Legendär waren die Jazz-Werkstatt und die Blues-Werkstatt, die Theatergruppe T.A.B.U. zeigt hier Produktionen abseits des Mainstreams, und Kleinkünstler geben sich die Klinke in die Hand. Und weil man im Sommer gern draußen sitzt, gründete der DAKIG die »Sommerszene Gänserndorf«, eine Open-Air-Reihe, die an den acht Ferien-Wochenenden Leben und gute Musik in die Stadt brachte.

Dass dies mit Verstand geschieht – dafür sorgt Ingeborg Hauser. Von 1995 bis heute ist sie die künstlerische Leiterin des DAKIG, und ihre Leidenschaft für Kultur allgemein und den Verein im Besonderen ist ungebremst. Nachdem sich Rupert Lenhart altersbedingt in die zweite Reihe begeben hat, leitet Günter Schweitzer als Obmann die Geschicke des Vereins. Für fünf Jahre auch die Geschicke der »Sommerszene«, die mittlerweile allerdings eigene Wege geht. Geblieben sind die Künstler, die sich hier gut betreut fühlen, die Wohnzimmeratmosphäre schätzen und immer gern wiederkommen.

Adresse 2230 Gänserndorf, Bahnstraße 33a, www.dakig.at, Tel. 0650/8504546 |
Anfahrt Gänserndorf, Strassergasse, Kreisverkehr 3. Ausfahrt, Doktor-Wilhelm-
Exner-Brücke, Kreisverkehr 2. Ausfahrt, Bahnstraße | **Tipp** Ein Kletterausflug
nach Wolkersdorf: Nordwandklettern in der größten Kletterhalle im nördlichen
Niederösterreich (www.nordwandklettern.at).

16__Die Richtstätte

Dismas, der gute Böse

Im Wald, am Galgenberg, mitten im Nirgendwo, so liegt der frühere Richtplatz der Stadt Eggenburg. Einst sicher ein gefürchteter Ort, heute ein Stück besinnliches und ruhiges Weinviertel, das man nur zu Fuß erreicht. Ist man erst vor Ort, umgeben von Stille, und macht sich die frühere Bedeutung dieses Platzes, dieser Stelle der Rechtsprechung bewusst, blitzt dann doch ein wenig Ehrfurcht auf.

Der markanteste Punkt ist natürlich die Statue des in der katholischen Kirche nie kanonisierten Dismas oder auch Dumachus genannten Schächers, der einst mit Jesus gekreuzigt wurde. Für verurteilte Mordbuben war hier die letzte Möglichkeit, mit einem Gebet zu bereuen, um mit reinen Gewissen vor ihren Schöpfer zu treten. Gleich dahinter liegt ein wenig verborgen der steinerne Teil des Richtblocks, der manchem Kopf als (letzte) Unterlage diente.

Dismas war jener arme Sünder, der rechts von Jesus auf sein Ende wartete und bereute, angeblich ist das auch der Grund, warum man Jesus mit nach rechts geneigtem Haupt am Kreuz darstellt. Dieser »gute Schächer« wurde durch seine Geste des Einsehens zum Patron der Strafgefangenen und zum Tode Verurteilten, ebenso wie der Patron der Totengräber. Der Wermutstropfen an der Geschichte: Er wird nur im Lukasevangelium erwähnt, bei den anderen Evangelisten fällt er durch den Rost und wird ignoriert. Und doch wurde er im Volk verehrt und seine Statue oft an jenen Stellen aufgestellt, an denen man den letzten Trost benötigte. Soll heißen, sein Abbild zeigt oft an, wo Richtstätten sind oder waren.

Das Auffinden der Statue hat schon ein wenig den Charakter einer Expedition, aber es zahlt sich aus, die 1720 wahrscheinlich aus Zogelsdorfer Sandstein geschaffene Figur zu suchen. Welche Gedanken hingegen den Delinquenten bei ihrem Anblick durch den Kopf gingen, bleibt ebenso der Phantasie überlassen wie die letzten Worte derselben.

Heiliger
Schecher
DISMAS
erhalte Vns
DVrch Dein
Vorbit

Adresse 3730 Grafenberg, Galgenberg, Koordinaten 48.628574, 15.830774 | **Anfahrt**
A22, B4 Richtung Horn, Abfahrt Ziersdorf, im Ort Richtung Hollabrunn abbiegen, über
Gettsdorf und Frauendorf bis Sitzendorf, dort weiter nach Grafenberg, links Richtung
Kellergasse den Rinnerweg, über die Bahn bis Ende Asphaltwege, parken, den 1. Waldweg
links, am Waldende rechts, wieder in den Wald zum Wegweiser links »Zur Richtstätte« |
Tipp Im Steinmetzhaus in Zogelsdorf und im »Johannes«-Schausteinbruch werden der
jahrtausendelange Abbau und die Verwendung des Zogelsdorfer Sandsteins thematisiert
(www.burgschleinitz-kuehnring.at, April–Okt.).

17 _ Der Stupa
Die Friedenspagode am Wagram

Ein buddhistischer Stupa ist, seinem Ursprung nach, eine Grab-anlage. Über einen toten Herrscher wurde kreisförmig Erde auf-geschüttet, so entstand nach und nach ein Hügelgrab. Erfahrene Weinviertlerinnen und Weinviertler kennen derartige Anlagen, auch wenn sie mit dem Buddhismus gar nicht vertraut sind.

Denn im Weinviertel trifft man immer wieder auf diese Hügel, die Tumuli heißen und landesüblich als »Mugl« oder »Leeberg« bezeichnet werden. Ein Mugl liegt ganz in der Nähe des Stupa, in Pettendorf am Wagram. Zwar hat man ihn im Mittelalter richtig-gehend abgeschnitten, aber dennoch blieb eine erkennbarere Erhe-bung. Nach solchen künstlichen Hügeln wurden ganze Ortschaften benannt, zum Beispiel Großmugl. Also gar nicht so fremd in der Gegend, der Stupa, zumindest die Urform.

Dennoch gab es etliche kritische Stimmen gegen das Projekt und mancherlei Verzögerung, bis 2016 der Spatenstich erfolgen konnte. Zuerst musste allerdings noch die (amtlich bestätigte) Abwanderung eines brütenden Wiedehopfpaares abgewartet werden. In der heutigen Zeit haben sich Stupas vom einfachen Hügelgrab zu verfeinerten, begehbaren und mit Innenräumen aus-gestatten Anlagen entwickelt. Der Weinviertler Stupa thront am Abhang des Wagrams, steht für ein friedvolles Miteinander und versteht sich als Begegnungsstätte. Nebenbei ist er der größte seiner Art in Europa und konnte nach anfänglichen Schwierigkeiten 2019 fertiggestellt werden.

Innen beeindruckt die Kuppel, und diese ist auch verantwortlich für eine interessante akustische Sinnesempfindung. Stellt man sich ins Zentrum und spricht einen Wunsch oder eine Bitte, sorgt der rückkehrende Schall für leichte Verwirrung. Außen geht man, nach buddhistischem Ritual, im Uhrzeigersinn die Kuppel hoch und wird mit einem schönen Ausblick und viel Gegend belohnt. Spätestens jetzt fühlt man buddhistische Gelassenheit.

Adresse 3483 Grafenegg, Wallner-Vetter-Gasse, Koordinaten 48.440988, 15.766302 |
Anfahrt S5, Ausfahrt Fels am Wagram, B34 Richtung Fels am Wagram, Kreisverkehr
gerade, 8 Kilometer auf B34, dann links auf Grafenegger Straße, nach circa 800 Metern
links in die Wallner-Vetter-Gasse | **Tipp** Das in Sichtweite gelegene Schloss Grafenegg
mit Schlosspark und Wolkenturm lohnt einen Besuch.

18__Die Alpaka Freizeitalm

Karawanen des Friedens neben dem Strampelpfad

Sicher, die Anden sind weit weg, und ein wenig höher gelegen sind sie auch – dennoch kann es passieren, dass einem in der Gegend von Grafensulz, auf atemberaubenden 300 Metern Seehöhe, ein Alpaka begegnet. Gern auch mehrere in Karawanenform, angeleint und in Menschenbegleitung. Die mögen sie übrigens, die Menschen. Umgekehrt auch. Also ist so ein »Alpaka-Trekking« eine Win-win-Situation für beide Seiten. Die Tiere werden bewegt und die Menschen beruhigt, das liegt am äußerst gutmütigen Charakter der Alpakas, die übrigens waschechte Kamele sind.

Begonnen hat alles mit einer stillgelegten Eisenbahnstrecke. Findige Touristiker hatten die Idee, daraus eine Freizeitbahn für pedalbetriebene Draisinen zu machen. Und weil strampeln hungrig und durstig macht, schuf man auf halber Strecke eine Verpflegungsstation, die »Draisinenalm« genannt wurde. Die Pächter derselben, die Familie Freudhofmaier, wollten ein bisschen mehr daraus machen als einfach ein Buffet für Cola und Würstel. Sie schufen einen phantasievollen Spiel- und Geschicklichkeitspark, in dem Besucher sogar das begehrte Bauerndiplom erringen können (Saureimkegeln, Gummistiefelzielwurf, Scheibtruhenrennen etc.). Firmen und andere Gruppen nutzen die »Bauernolympiade«, um Teambuilding zu betreiben. 2011 holte man dann die Alpakas. Einerseits wegen ihrer ganz besonderen Wolle, andrerseits als Attraktion für Kinder.

Eine Wanderung mit den gutmütigen Gesellen hat auch therapeutische Wirkung: Überdrehte Wiener Schulklassen auf Kriegspfad verwandeln sich plötzlich in verantwortungsbewusste Teams, die sich um »ihre« Tiere kümmern. Denn der friedfertige Charakter überträgt sich, und sogar die ängstlichsten Kinder trauen sich bald, Streicheleinheiten zu verteilen. Für die mit Fotoapparaten bewaffneten Eltern hingegen sind die lustigen Sommerfrisuren der ab Mai geschorenen Tiere eine lohnende Beute.

Adresse 2126 Grafensulz, außer Ort, www.alpakafreizeitalm.at, Tel. 0676/6829906, Koordinaten 48.5611, 16.43853 | **Anfahrt** A5 bis Gaweinstal Mitte, Abfahrt Richtung Neubau, Ladendorf, Garmanns, bis Grafensulz, beschilderter Weg zur Draisinenalm | **Öffnungszeiten** Mai–Okt. Sa, So und Feiertage 10–17 Uhr | **Tipp** Das Schloss Niederleis, eine ehemalige Wasserschlossanlage auf der Südseite der Leiser Berge, liegt ganz in der Nähe.

19 _ Der Graphit-Stollen
Die Beinahe-Diamantenmine unter dem Ex-Flugplatz

Ein wenig mehr Druck, ein wenig mehr Temperatur und wir würden vor einer Diamantenmine stehen. Aber unter den gegebenen Umständen wurde es ein Abbaustollen für Graphit. Natürlich fallen einem bei dem Namen sofort Bleistifte ein, aber das aus Kohlenstoff (daher auch die Verwandtschaft mit Diamanten) bestehende Element fand auch als Schmiermittel, beim Erstellen von Gussformen und in den im Hochtemperaturbereich arbeitenden Kugelhaufenreaktoren Verwendung.

Ein wenig abseits der Wora-Kellergasse (Wora ist die jahrhundertealte lokale Bezeichnung für den Wagram), direkt an der Wagramsohle, findet man den 2010 wieder zugänglich gemachten Stollen. Nach einigen früheren Versuchen in der Umgebung, bei denen nur minderwertiges Graphit gefunden wurde, begann man 1915 an diesem Standort mit dem Abbau von Glimmer-Graphit. Leider stellte sich bald heraus, dass die Lagerstätte nicht allzu ergiebig war. Man förderte nicht mehr als eine Waggonladung, also gab man den Abbau bald wieder auf. Im Laufe der Jahre begann der Stollen dann zu verfallen und wurde verfüllt.

Ganz in der Nähe entstand 1938 ein kleiner, aber strategisch nicht unwichtiger Flugplatz, der Fliegerhorst Fels am Wagram (Deckname Finkennest), von dem aus hauptsächlich Jagdflugzeuge starteten. Als man 1944 ebendort eine Außenstelle des KZ Mauthausen installierte, von der aus hauptsächlich ungarische Juden zur Zwangsarbeit an Firmen und Bauern »verliehen« wurden, sollte auch der Abbau im Stollen wieder aufgenommen werden. Die Pläne wurden allerdings nie realisiert, der Flugplatz gegen Kriegsende von der Roten Armee erobert.

2008 wurde der fast vergessene Graphitfundort vom Verein »Wagram Wora Weinkultur« wiederhergestellt und durch einen Vorbau und Pölzung so gesichert, dass er wieder begehbar wurde. Der Stollen ist auf einer Länge von gut 18 Metern bei einer Höhe von 180 bis 250 Zentimeter zu besichtigen.

Adresse 3484 Grafenwörth, Wora-Kellergasse, Familie Kirchhofer, Tel. 0664/73190645, Koordinaten 48.428031, 15.798966 | **Anfahrt** S5, Ausfahrt Grafenwörth, im Kreisverkehr 2. Ausfahrt Gewerbepark, nächste Möglichkeit rechts, bis zur 2. Kreuzung, links, nach Bahnübergang (circa nach 1,8 Kilometern) rechts in die Wora-Kellergasse und parken | **Öffnungszeiten** nach Vereinbarung | **Tipp** Ein Stück weiter westlich befindet sich der Steinenergieplatz mit sieben Chakrasteinen und dem Bergbründl.

20 Klein Maria Dreieichen
Der vergessene Wallfahrtsort

Noch lebt die Erinnerung an Maiandachten und Fackelzüge im Schnee zu der mitten im Wald gelegenen, kleinen Kirche. Noch stehen alter, gezimmerter Unterstand und Reste der ehemaligen Labstation. Hölzerne Devotionalien und Andenkenstände hingegen sind längst verschwunden, der Zahn der Zeit hat sie zernagt. Und doch, ab und zu kommt noch eine Pilgergruppe, ab und zu im Mai finden noch Andachten statt und beleben das nett gelegene Kirchlein, welches der Schmerzhaften Mutter Gottes geweiht ist.

Die Gründungsgeschichte von Klein Maria Dreieichen, die um das Jahr 1784 beginnt, erzählt von frommen Wallfahrern, die sich auf dem Weg nach Mariazell befanden und bei einer dreistämmigen Eiche ein Marienbild anbrachten. Nach mehreren Gebetserhörungen entstand hier bald ein neues Ziel für Wallfahrer. Im Jahre 1827 wurde ein neues Marienbild vom Pfarrer aus Groß an der Eiche angebracht und geweiht, bald darauf kam noch eine aus Holz geschnitzte Marienstatue dazu. Bei einem durch lagernde Soldaten aus Preußen verursachten Brand blieb nur der Hauptstamm der stolzen dreistämmigen Eiche unversehrt, die beiden Nebenstämme waren angekohlt. Das Gnadenbild am Hauptstamm überstand den Brand, aber sämtliche Votivgaben, die um den Baum gruppiert waren, wurden ebenfalls ein Raub der Flammen.

Daraufhin wurde auf Initiative des Pfarrers aus Groß im Jahre 1868 die bis heute bestehende Kapelle errichtet. Das Grundstück stellte Graf Schönborn-Buchheim zur Verfügung. Beim Bau wurde unter anderem der berühmte Zogelsdorfer Stein verwendet, die Reste der Eiche wurden in den Altar miteinbezogen. Lange stand in der Kapelle eine mittelalterliche Pietà, welche den Schwedenkrieg und den damit verbundenen Brand der Kirche von Groß überstanden hatte. Nach Diebstahl und Wiederauffindung wurde die Marienfigur nach Hollabrunn in das Stadtmuseum Alte Hofmühle zur Ausstellung gebracht.

Adresse 2020 Groß, Klein Maria Dreieichen, Koordinaten 48.579475, 16.010417 |
Anfahrt Hollabrunn, Abfahrt Oberfellabrunn, gerade Richtung Groß, nach Ortsende
rechts bergauf, entlang Waldrand, weiter auf Schotter (an Wegweiser halten), kurz in
den Wald, links Parkplatz | **Tipp** Nordöstlich der Kapelle führt ein Waldweg, von dem
man bald nach links abbiegen muss, zu einem Friedhof aus der Zeit der Franzosenkriege,
gekennzeichnet durch ein Kreuz.

21 Der Bahnhof

Endstation Sehnsucht zwischen den Sträuchern

Von Pulkau nach Eggenburg, auf der Bundesstraße 35, durchfährt man die trotz ihres Namens eher kleine Ortschaft Groß-Reipersdorf. Nach dem Ortsende überquert man einen Bahnübergang und wird stutzig. Etwas stimmt hier nicht. Aber was? Die Neugierigen suchen nach einer Möglichkeit zum Wenden und nähern sich den Schranken. Genau diese Schranken sind es, die einen zuvor so irritiert haben. Denn an den Schlagbäumen ranken sich Kletterpflanzen, und die Gleise sind überwachsen. Man ist also auf eine aufgelassene Bahnlinie gestoßen. Niemand lässt es sich bei solchen Gelegenheiten nehmen, ein wenig entlang der rostigen Schienen zu wandern. Schotter ist nur mehr recht spärlich zu sehen, es sprießen Löwenzahn und Grasbüschel. Moose und Farne feiern fröhliche Urständ, und zwischen den morschen Schwellen stehen Sträucher und kecke junge Bäumchen. Nach ein paar dutzend Metern eröffnet eine Weiche völlig neue Möglichkeiten. Da wird doch nicht …

Tatsächlich, ein zweites Gleis führt direkt vor die Tür eines einst stolzen, zweistöckigen Gebäudes, an dem in fünf Metern Höhe trotz abblätternder Farbe noch der Stationsname zu lesen ist: Pulkau. Pulkau? Das Zentrum des Städtchens ist fast vier Kilometer entfernt, und die nahe Ortschaft heißt doch Groß- äh … ach ja, Reipersdorf! Dennoch, seit 1872 steht der Pulkauer Bahnhof an der einstigen Verbindungslinie zwischen Nord-West- und Franz-Josefs-Bahn. Diese war bis ins Jahr 1990 in Betrieb und wurde dann wegen Unrentabilität aufgelassen. Die ÖBB benutzten die Gleisanlagen noch eine Zeit lang als Teststrecke, dann war Schluss.

Seither ist der ehemalige Bahnhof beliebtes Fotomotiv, Filmkulisse und Theaterspielort. Eine 2014 gegründete Initiative bemüht sich mittlerweile, die Strecke zu touristischen Zwecken wiederzubeleben. Bis es so weit ist, lädt uns der Pulkauer Bahnhof weiterhin zum Träumen und Fotografieren ein.

Adresse 500 Meter außerhalb von 3741 Groß-Reipersdorf, Koordinaten 48.69105, 15.84703 | **Anfahrt** von Pulkau Richtung Eggenburg über die B35 | **Tipp** Im Städtchen Pulkau ist die sogenannte Blutkirche absolut sehenswert, berühmt vor allem durch den spätgotischen Flügelaltar.

22__Kultur & Gut

Hansi Hörmanns »IKEA« für Fortgeschrittene

Er selbst ist nicht fortgeschritten. Weil er ja nicht fort ist, sondern da. Immer noch da, in einer sterbenden Ortschaft, in der, unverändert, die 50er-Jahre-Fassade eines längst stillgelegten »Tonkinos« lockt und in der ihn nicht wenige für einen Spinner halten. Aber das macht nichts. Die Energie der Dinge, mit denen er zu tun hat, gleicht das Unverständnis der Durchschnittskonsumenten mehr als aus. Das Wissen, etwas Altes zu bewahren und, teils in mutierter Form, einer Weiterverwendung zuzuführen, ist ihm Anerkennung genug.

Begonnen hat für den gelernten Landwirt alles mit der erbschaftsbedingten Auflösung der Wirtschaft seiner Eltern. Wie auf alten Höfen so üblich, sammelte sich im Laufe der Generationen viel Ausgemustertes an und hielt seinen Dornröschenschlaf in irgendeiner Ecke des Stadls. Und genau diese alten Gebrauchsgegenstände, eisernes Werkzeug, frühere Baumaterialien, bäuerliche Möbel, für Jahrzehnte und länger gefertigt, waren der Auslöser für ein Innehalten und ein Umdenken. Damals hat er seine Bestimmung gefunden und beschloss, Leidenschaft und Beruf zu verbinden. Seit 2008 betreibt Hansi nun den Handel mit alten Materialien und Gegenständen für Garten, Haus und Weinkeller. Geprägte Ziegel, Pflastersteine, Mühlsteine, geschnitzte Deckenbalken, Kirchenbänke, Kellertische, Fässer, reich verzierte Türen, Bottiche, schmiedeeiserne Tore, Stadlbretter, Brunnenpumpen … Es gibt kaum etwas zum Bauen, Wohnen oder Dekorieren, was es hier nicht gibt. Gemeinsam ist allen Gegenständen, dass sie schon lange, teils über hundert Jahre, in Verwendung waren und sich bewährt haben.

Aber es geht nicht einfach um Handel an sich, sondern auch um die Vision des »Spinners«: Geschichte erlebbar zu machen und in einer immer schneller vergeudenden Gesellschaft das Wissen alten Handwerks und Kulturgutes weiterzugeben. Mit Kultur & Gut ist es gelungen.

Adresse 2062 Seefeld-Kadolz, Großkadolz 22, kult-hoermann@gmx.at, Tel. 0676/6005769 |
Anfahrt von Obritz B45 Richtung Laa, abbiegen auf L3 Richtung Seefeld-Kadolz, nach
Ortseinfahrt Großkadolz 1. Möglichkeit links abbiegen | **Öffnungszeiten** nach tel. Verein-
barung | **Tipp** Das Schloss Seefeld ist ein barockes Baujuwel, aber leider nur von außen zu
besichtigen.

23 __ Der Gartenbach
Entenhausen liegt im Weinviertel

Dass Schwiegermütter Einfluss auf Beziehungen haben, weiß frau. Aber dass sie ganze Dörfer verändern können, war nur den wenigsten bekannt. Ursprünglich sorgten drei indische Laufenten bei der Schwiegermutter von Ingenieur Hermann Fischer für Ablenkung von ihrer Trauer um den verstorbenen Gatten. Aus dieser Beschäftigungstherapie wurde ein europäisches Vorzeigeprojekt.

2005 erleichterten die Enten nicht nur die Trauerarbeit, sondern sorgten auch für gewaltige Erdbewegung in Hof und Garten. Der Boden war durchwühlt und jeglicher Bewuchs verzehrt. »Dieser Hof ist zu klein für uns drei«, so die Botschaft. Ingenieur Fischer schaffte Abhilfe und siedelte die Enten in einen abgezäunten Bereich des Dorfbaches aus. Der Zaun war mobil und sollte als »Laufstall« mit den hyperaktiven Tieren den Bach entlangwandern. Diese büxten aber immer wieder aus und sorgten im Dorf für Aufregung. »Der Fischer hat einen Vogel!«, hieß es bald. »Stimmt nicht«, konterte dieser stolz, »er hat viele.« Enten fressen nämlich nicht nur fleißig Schnecken, sie vermehren sich auch fleißig. Bald waren zwei Dutzend damit beschäftigt, den Dorfbach zu säubern. Sie holten zwar keine unsachgemäß entsorgten Kühlschränke heraus, wühlten aber auf der Suche nach Leckerbissen den Bachgrund auf. Dadurch transportierte das Wasser Sediment besser ab, der Bach wurde tiefer, und das Wasser klarer. 2012 wurde die niederösterreichische Dorferneuerung auf den Entenpapa aufmerksam, und man hob ein Projekt zur Gewässerrevitalisierung aus der Taufe. Mittlerweile sind die rund 100 Tiere das Wahrzeichen des Dorfes.

Als sich anlässlich der Präsentation mehrere europäische Kamerateams in Großmeiseldorf einfanden, zeigte sich ein weiterer Vorteil des Projektes – die Verkehrsberuhigung. Wenn nämlich eine Entenfamilie im Gänsemarsch die Straße überquert, bleiben selbst die ungeduldigsten Autofahrer mit einem Lächeln im Gesicht stehen.

Adresse 3711 Großmeiseldorf, www.grossmeiseldorf.at, Kontakt: Ing. Hermann Fischer, h.fischer@ziersdorf.at, Tel. 02956/2919 | **Anfahrt** B4, nach Ziersdorf L43 bis Großmeiseldorf (langsam fahren, reger Entenwechsel!) | **Tipp** Im »Florianihof« im Ort wird man außergewöhnlich freundlich bedient, und die Speisekarte ist hervorragend. Entenbraten sucht man jedoch vergeblich.

24_ Der Sternenweg

Komm auf die dunkle Seite der Nacht

Dunkel ist dunkel, sollte man meinen. Ist aber gar nicht so. Wer gern den Sternenhimmel betrachtet, weiß Orte zu schätzen, an denen die Lichtverschmutzung in der Nacht (durch Großstädte beispielsweise) noch nicht so arg ist. Man braucht also einen besonders dunklen Beobachtungsplatz. Einer der österreichweit bestgeeigneten liegt knapp außerhalb von Großmugl.

Sterngucker pilgern daher schon seit Jahrzehnten auf die Anhöhe südwestlich der Ortschaft, wo die besten Verhältnisse herrschen. Damit diese Pilger aber nicht von verhaltensoriginellen Autofahrern, die partout bis zum Beobachtungsplatz mit aufgeblendeten Scheinwerfern fahren müssen, gestört werden, hat man den Sternenweg etabliert. Start und Parkmöglichkeit ist im Ort, dann geht es rund anderthalb Kilometer über Feldwege zur »Sternenlicht Oase Großmugl«. Mehrere Tafeln säumen den Weg, sie informieren über unsere Galaxie und deren Nachbarn. Der Gag dabei: Scannt man die QR-Codes an den Tafeln, öffnet sich ein Audioguide am Mobiltelefon, und der Astronom Dr. Günther Wuchterl erklärt Himmel und, nein, nicht Erde, sondern Himmelskörper. Er ist auch einer der Mitinitiatoren von »Großmugl an der Milchstraße«. Im Rahmen dieses Projektes finden immer wieder Veranstaltungen statt. Geführte Beobachtungen der Perseiden, der Plejaden, Sternenwanderungen, Mondbeobachtungen und mehr.

Der Sternenweg endet beim Leeberg, der bekanntesten Weinviertler »Pyramide«. Der für die Ortschaft namensgebende Mugl stammt aus der Hallstattzeit und ist ein wissenschaftlich noch nicht erforschter, unter Denkmalschutz stehender Tumulus von 14 Metern Höhe und rund 50 Metern Durchmesser. Dieses Hügelgrab eines Hallstattfürsten ist über 2.500 Jahre alt, und damit es noch ein paar Jährchen länger steht, hat man das Begehen (und somit das damit einhergehende Abtreten des Erdreiches) mittlerweile untersagt.

Adresse 2002 Großmugl, www.starlightoasis.org, Koordinaten 48.49538, 16.23367 |
Anfahrt A22 und S3 bis Sierndorf, dort L1091 bis Großmugl, Start vis-à-vis Haupt-
straße 187 | Tipp Im einige Kilometer entfernten Porrau gibt es empfehlenswerte
Gemüseraritäten vom Biohof (www.biohofzumgruenenbaum.at).

25_ Urgrund

Der Themenkeller zur Entstehung des Weines

1868 erschien Tolstois Monumentalwerk »Krieg und Frieden«, dessen Rohfassung seine Frau Sofja nicht weniger als sieben Mal in Reinschrift übertrug. Der Roman schildert die Zeit der Napoleonischen Kriege und beschreibt auch die Schlacht bei Schöngrabern 1805, durch die es die Kleinstadt Hollabrunn zu einer Inschrift am Arc de Triomphe in Paris brachte. Noch bemerkenswerter ist allerdings die Erwähnung der Ortschaft Grund in Tolstois Roman. In dem kaum hundert Häuser zählenden Dorf lagerte die mit den Österreichern verbündete russische Kavallerie.

Viele Jahre davor, 1763, buddelte man in der Grunder Kellertrift eine neue Röhre und befestigte den Eingang mit einem Sandsteinbogen. Dieser Bogen wurde 250 Jahre später vom Grunder Weinbauern und Heurigenwirt Josef Loiskandel im Zuge eines Umbauprojektes freigelegt und in seinen Schaukeller integriert. »Urgrund« ist ein faszinierender Multimedia-Themenkeller unter dem Grunder Kellerberg, der den Weg des Weines vom Rebstock ins Glas eindrucksvoll darstellt. Millionen Jahre alter Sand, vergessene Kellerröhren, ein acht Meter hoher, unterirdischer Seminarraum, bemooste Wände und Tische aus dem alten Holz einer Weinpresse bringen den Besucherinnen und Besuchern den Weg des Weines ebenso näher wie die behutsam integrierten Schautafeln und Multimedia-Elemente. Und natürlich lassen sich hier auch die ausgezeichneten Produkte des Betriebes verkosten.

Während sich die Großen also dem Thema Wein in allen Facetten widmen, animiert ein liebevoll gestalteter Spielplatz unmittelbar vor dem Eingang den Nachwuchs zu Abenteuern anderer Art. Gleich daneben ist das eigentliche Heurigenlokal, hier können hungrige Gäste deftige Brettljausen oder erfrischende Fitnessteller genießen. Und sollte der Abend einmal länger dauern, bietet der Wirt im nahe gelegenen Gästehaus top eingerichtete Genießerzimmer für erholsamen Schlaf an.

Adresse 500 Meter außerhalb von 2042 Grund, Tel. 0676/3332527, Koordinaten 48.63712, 16.0629 | **Anfahrt** S3, Abfahrt Wullersdorf, Richtung Mittergrabern, in Grund rechts abbiegen in die Kellerdrift | **Öffnungszeiten** Mi–Sa ab 17 Uhr, So ab 15 Uhr | **Tipp** Im benachbarten Wullersdorf steht die sehenswerte Jakob-Prandtauer-Kirche mit ihren weithin sichtbaren Doppeltürmen.

26__tww

Das kleinste Theater in NÖ mit Ganzjahresspielbetrieb

Ein Streckhof ist ein Bauernhaus samt Wirtschaftsgebäuden auf einem langen, schmalen Grundstück. So ein Grundstück mitsamt altem Haus zu kaufen, nur weil »hintaus« ein ebenso alter Stadl steht, in dem man vielleicht Theater machen könnte, würde niemandem im Traum einfallen. Niemandem – außer Franziska Wohlmann, die mit einem kleinen Häufchen unerschrockener Enthusiasten in den 80er Jahren daranging, hier ihren Traum vom eigenen Theater zu verwirklichen.

Vorerst wurde nur einmal im Jahr gespielt. »Im Sommer natürlich, weil der Stadl so zugig war, dass wir an kühleren Abenden schon Decken ans Publikum ausgeben mussten«, wie sich die Prinzipalin erinnert. Um die Spielzeit zu verlängern, ging man daran, im eigentlichen Wohnhaus, in dem Garderobe, Toiletten und ein Gemeinschaftsraum untergebracht waren, eine Studiobühne auszubauen, die mit einem Holzofen beheizt wurde. Je näher die Zuschauer beim Ofen saßen, desto heißer war der Abend. Fortan spielte man also auch im Winter, war aber hier auf maximal 40 Zuschauer begrenzt. Unter der Leitung von Mitbegründer Heinz Mayer nahm man in den 90er Jahren den ersten Umbau in Angriff. Der Stadl wurde isoliert, bekam Galerie und eine Heizung, und der ganzjährige Vollbetrieb konnte aufgenommen werden.

Von Anfang an legte die Intendantin großen Wert auf qualitativ hochwertige Stücke. So wurden im Laufe der Zeit Shakespeare, Brecht und Goldoni ebenso gespielt wie Zeitgenössisches von Turrini, Mitterer oder Glattauer, aber auch musikalisches Kindertheater und Kabarett. Das Land Niederösterreich hilft bei der Finanzierung. Nach der Jahrtausendwende wurde ein Architekturwettbewerb ausgerufen, um das vordere Gebäude neu zu errichten. Seither ragt ein roter Vorbau keck über den Eingang hinaus und gibt dem tww, wie das Theater Westliches Weinviertel im Volksmund genannt wird, sein unverwechselbares Äußeres.

Adresse 2042 Guntersdorf, Bahnstraße 201, office@tww.at, Tel. 02951/2909 | **Anfahrt**
S3, Abfahrt Guntersdorf, nahe dem Gemeindeamt | **Öffnungszeiten** Büro Di
14.30–18.30 Uhr, Do 9–12 Uhr, Spieltage laut Spielplan unter www.tww.at | **Tipp**
Im 300 Meter entfernten »Gasthaus an der Kreuzung« isst man bei Gault-&-Millaut-
Haubenkoch Manfred Hausgnost ganz hervorragend.

27__Das Pimperletheater
Altes Figurentheater im Eulenkeller

Die Hadreser Kellergasse ist besonders. Sie ist die »längste geschlossene Kellertrift Europas«, und im allerletzten Keller – findet sich ein Theater.

Zugegeben, groß ist es nicht, das Weinviertler Pimperletheater von Ingrid Faltynek. Die Guckkastenbühne fände auf jedem Familienesstisch Platz. »Und genau das war es auch«, erzählt die ehemalige Musikpädagogin, »ein Guckkasten für die Familie. Bis zum Auftauchen der TV-Geräte war es das Home-Entertainment-Center in den Bürgerhäusern. Die ganze Familie beteiligte sich: Kulissen malen, Kostüme für die Figuren schneidern, Stücke schreiben, musizieren und natürlich spielen.« Die Figuren sind etwa 20 Zentimeter hoch, aus Drahtgestell, der Kopf meist aus Keramiplast mit eingearbeitetem Metallstab und Fäden zur Führung der beweglichen Arme.

Vor einigen Jahren entdeckte Ingrid Faltynek auf einem Flohmarkt in Český Krumlov diesen kleinen Schatz. »Die Figuren waren über hundert Jahre alt und schienen nur auf mich gewartet zu haben.« Mit Puppenspiel hatte sich die Musikerin schon seit Langem beschäftigt – nun erfüllte sie sich den Traum vom eigenen Theater. Arbeitete Weinviertler Sagen in die selbst geschriebenen Stücke ein und etablierte die Bühne in ihrem frisch renovierten »Eulenkeller« (so genannt, weil im Dach des Presshauses Eulen nisten). Inge Gänßle, eine befreundete Künstlerin, malte neue Kulissen für das Pimperletheater, und seither finden hier immer wieder wunderbare Vorstellungen statt. Kinder werden liebevoll eingebunden, sie erhalten Instrumente, dürfen mitmusizieren, und meist gilt es, ein Rätsel zu lösen, bei dem sie eifrig mitraten.

»Auf Wunsch spiele ich auch gern auswärts«, sagt die Regisseurin, Autorin, Puppenspielerin und Theaterdirektorin in Personalunion. »Das Pimperletheater eignet sich ja aufgrund seiner Größe bestens zur Wanderbühne.«

Adresse 2061 Hadres, Kellertrift, Eulenkeller (letztes Presshaus links), Ingrid Faltynek, Tel. 0676/4416154, ingrid_faltynek@yahoo.de, Koordinaten 48.72474 16.12599 | **Anfahrt** B45 nach Hadres, beim Gemeindeamt in die Kellergasse abbiegen, circa 1,6 Kilometer immer dem Hauptweg folgen | **Öffnungszeiten** und Vorstellungen nach Vereinbarung | **Tipp** Die Tonkinofassade in Untermarkersdorf ist seit 50 Jahren unverändert.

28__My Way
Das größte Denkmal für das Leben

Am Ende wird die Seele aufsteigen und eins mit dem Licht werden. Ein schöner Gedanke. Schönheit, in ganz unterschiedlicher Form, zeigt sich auch auf den 800 Metern davor. Begleitet von sphärischer Musik, wandern die Besucher von Station zu Station und versinken in den Anblick der sieben Skulpturen, deren jede für eine prägende Situation in unser aller Leben steht. So unterschiedlich wie die Werke und deren Schöpfer sind auch die Lebensabschnitte, die, im Ganzen gesehen, doch wieder für alle gleichbedeutend sind.

Das Leben als Ganzes – das Leben als Weg, ist die My-Way-Philosophie. Von der Geburt (»Die Explosion«, Thomas Eller) über die Kindheit (»Der Traum«, Vasilij Gorbunov und Polina Gorbunova) bis zum Erwachen (»Die Entscheidung«, Futao Fujii). Der Anfang des Erwachsenenlebens und der Beginn eines neuen Miteinanders sind geprägt von der Liebe (»Das Feuer«, John Raimondi), die bald der Familie gilt (»Die Erfüllung«, Max Gangl) und uns hoffentlich milde ins Alter geleitet (»Die Weisheit«, Alain Ligier). Am Ende der schöne Gedanke (»Das Licht«, Wolf Leo).

Im Jahre 1999 wurde das Gesamtkunstwerk am Hagenbrunner Kirchenweg eröffnet. Aber die My-Way-Stiftung lädt mit dem Themenweg nicht nur zum Innehalten und Nachdenken ein, will nicht nur Sinn stiften, sondern stiftet auch ganz konkret. Seit dem Millennium wird jährlich ein gut dotierter Preis für Humanität vergeben. Zu den bisherigen Preisträgern zählen unter anderen Christiaan Barnard, Karlheinz Böhm, Lech Walesa, Jane Goodall und Nelson Mandela. Menschen, die sich für etwas eingesetzt und unsere Welt ein kleines bisschen besser gemacht haben. Menschen, die ihren Weg gegangen sind. Gehen Sie den Ihren! Vielleicht liegt der Anstoß dazu ja auf einem knappen Kilometer in Hagenbrunn, und Sie sagen sich: Das ist mein Leben, das ist mein Weg – My Way. Wir wünschen gute Reise!

Adresse 2102 Hagenbrunn, Kirchenweg | **Anfahrt** A22, Abfahrt Korneuburg, Richtung Bisamberg, durch Bisamberg durch, Kreisverkehr Richtung Kleinengersdorf abbiegen, bis Ortsbeginn Hagenbrunn | **Öffnungszeiten** ganzjährig 24 Stunden | **Tipp** Die Rattenfängerstadt Korneuburg lädt ins Stadtmuseum, das in einem ehemaligen »Tröpferlbad« untergebracht ist.

29___Die Schanzen

Eine Ziegenweide in den Verteidigungsanlagen

Nein, mit diesen Schanzen hätten die Skiflieger keine Freude, denn mehr als ein paar Meter könnten sie hier nicht springen. Vielmehr handelt es sich um eine 1866 angelegte Verteidigungsanlage, die Wien vor den Preußen schützen sollte. Insgesamt wurden 31 Festungsanlagen im Nordosten der Stadt errichtet. Hier seien vier Schanzanlagen hervorgehoben, die in den Feldern zwischen der Stadtgrenze und Hagenbrunn liegen. Als Ausgangspunkt dient uns der Parkplatz bei der Berg- und Naturwacht direkt an der Landesgrenze. Von Langenzersdorf bis zur Lobau spannte sich das Bollwerk. 260 Geschütze und 5.000 Soldaten waren vorgesehen. Es wurden größtenteils Erdwälle und Gräben errichtet, man war also bestens gewappnet. Vergeblich – nach der Schlacht von Königgrätz wurde ein Friedensvertrag ausgehandelt, und die Schanzen waren nutzlos.

Im Ersten Weltkrieg erinnerte man sich wieder der Erdwerke und richtete sie notdürftig her, da russische Truppen unterwegs Richtung Wien waren. Allerdings erneut vergeblich, weil die zaristischen Truppen schon bei den Karpaten aufgehalten wurden und nie vor die Tore Wiens kamen. Erst im Zweiten Weltkrieg erfolgte die Begegnung von deutschen und sowjetischen Truppen. Zwischenzeitlich hatte man einige Schanzen mit Stellungen für Fliegerabwehrkanonen bestückt, und im Werk X (dem wir uns als Erstes nähern) war ein Gebäude errichtet worden, welches noch heute mächtig hinter einem Graben liegt. Viele der Anlagen wurden seither zu Äckern umgewandelt und durch Verbauung zerstört.

Die Werke X bis XII wurden 2004 ins Europaschutzgebiet Bisamberg aufgenommen. Durch die Geländeverhältnisse war hier Ackerbau unmöglich, und es konnten sich viele ungewöhnliche Pflanzen behaupten. So wachsen auf den Schanzgründen Buntschwertlilien, Diptam und Riemenzunge. Um der Verbuschung Einhalt zu gebieten, werden Teile der Schanzen durch Ziegen beweidet.

Adresse 2102 Hagenbrunn, Stammersdorferstraße | **Anfahrt** B7/Brünnerstraße von Wien stadtauswärts bis Siedlung Föhrenhain, links Richtung Hagenbrunn (L3114) abbiegen, in Hagenbrunn links in die Stammersdorferstraße bis Stadtgrenze von Wien (Parkplatz und Autobushaltestelle) | **Tipp** Wenn Sie das Herrenholz, einen kleinen Wald, Richtung Wien auf der linken Straßenseite durchwandern, können Sie Reste des ehemaligen Flugzeugmotoren-Reparaturwerkes entdecken.

30__Das Taschenfeiteldenkmal

Club der scharfen Klingen

Zusammenkünfte, auf denen die Teilnehmer scharfe Klingen bei sich tragen, sind ja nicht unbedingt positiv beleumundet. Wenn aber die scharfe Klinge zu einem Trattenbacher Taschenfeitel gehört, kann nur eine rührige Vereinigung wie der HTFK (Harrersdorfer Taschenfeitelklub) dahinterstehen. Den originalen Trattenbacher Feitel erkennt man an der eingestanzten Flinte und dem Rundknauf als Griffabschluss. Seine Herstellung ist mittlerweile immaterielles Kulturerbe der UNESCO, seit fast 600 Jahren wird er in dem oberösterreichischen Ort Trattenbach manuell gefertigt. Und es ist noch nicht lange her, dass eine ganze Generation Buben unter dem Leitspruch »A richtiger Bua hat in der Taschen a Messer und a Schnur« groß geworden ist.

Solche »Buam« haben in Harrersdorf diesen geselligen Club, der als Verein strukturiert ist, im Jahre 1996 ins Leben gerufen. Aber nicht nur Männer sind in diesem Bund, der Frauenanteil ist zwar nicht allzu hoch, aber umso präsenter. Vor allem wenn es um Veranstaltungen geht, beweisen sie immer wieder ein geschicktes Händchen. Und da sind wir schon beim Zweck des Clubs, man trifft sich zu Plauderei und gemeinsamen Unternehmungen. Das und der beinahe schon sagenumwobene Feitel, dem der Verein hier ein Denkmal gesetzt hat, sind der Kitt, der diese Gemeinschaft zusammenhält.

Die Finanzierung des Clubs erfolgt durch einen jährlichen Mitgliedsbeitrag und eventuelle »Straftaten« der Mitglieder. Wird man nämlich ohne Taschenfeitel bei einer Kontrolle durch ein anderes Mitglied erwischt, ist ein Bußgeld von einem Euro pro anwesendem Mitglied fällig, ausgenommen sind religiöse Veranstaltungen, ansonsten gilt die strenge Regel im ganzen Gemeindegebiet. Höchste Vorsicht ist bei profanen Festen geboten, da kann es schon passieren, dass der Großteil der HTFKler anwesend ist, und dann wird es teuer, darum sollte man sein kleines Weltkulturerbe stets bei sich haben.

Adresse 2143 Harrersdorf, Kontakt: Gerald Seiter, htfk.grosskrut.at | **Anfahrt** A5 Richtung Brünn, Ausfahrt Richtung Großkrut auf die Poysdorferstraße nach Großkrut, bald nach der Kirche, aber schon auf der B47 wartet das Feiteldenkmal | **Tipp** Unbedingt die Kirche von Großkrut mit den Napfausreibungen an der Außenmauer ansehen, der ausgeriebene Sand wurde zu Heilsalben verarbeitet.

31 Der Michelberg

Kurzzeitwallfahrtskirchenbergpanorama

Wer immer schon einmal einen beträchtlichen Teil des Weinviertels (und sogar darüber hinaus) betrachten wollte, dafür aber nicht allzu viel Zeit auf der Straße verbringen möchte, ist mit dem Michelberg bei Haselbach gut beraten. Nicht oft hat man die Möglichkeit, so viel Gegend in der Gegend herumliegen zu sehen. Ist die Luft rein und die Sicht klar, reicht der Blick bis zum Schneeberg und den Kleinen Karpaten, genauso wie durch die Wiener Pforte auf die Bundeshauptstadt.

Der Gipfel, ob der guten Fernsicht schon eine kleine Ewigkeit besiedelt, beherbergt nach der Demolierung und Sprengung der barocken Wallfahrtskirche eine kleine, feine Kapelle. Keine 40 Jahre bestand der weitaus größere Vorgängerbau, bevor er vom Destruktionskaiser Joseph II. eingeebnet wurde, weil dieser der Meinung war, sie sei zu abseits gelegen und es gäbe dort zu viele zweifelhafte Händler. Die Reste der ehemaligen, doch recht stark frequentierten Kirche wurden sogleich für den Neubau der Pfarrkirche von Haselbach im Ort verwendet. Aber Joseph II. war nicht der Erste, der die Händler aus dem Tempel warf und zu diesem Zweck gleich das Gebäude dem Erdboden gleichmachen ließ. Denn die erste Kirche am Michelberg wurde angeblich (man weiß es nicht so genau, Zeitzeugen sind rar geworden) von Attila, dem Hunnenkönig im 5. Jahrhundert zerstört. Die tatsächlich dokumentierten Funde stammen aus dem 9. Jahrhundert.

Die schön aufbereiteten Ausgrabungen, die den kirchlichen Werdegang des Berges zeigen, finden sich in unmittelbarer Nähe zur jetzigen Kapelle. Außer den Grundmauern der damaligen Kirche und ihren Zubauten fand man Gräber von mindestens 222 Menschen, wobei nur 21 davon das Erwachsenenalter erreicht hatten, der Rest waren Föten und Kleinkinder. Wer sich jetzt müde niederlassen möchte, hat, falls es Wochenende ist, im nahe gelegenen Wirtshaus beim Parkplatz die Möglichkeit dazu.

Adresse 2003 Haselbach, Haselbach 1748, Koordinaten 48.430056, 16.288854 | **Anfahrt** A22 bis Stockerau Ost, dort nach Leitzersdorf, dort L26 bis Haselbach, durch den Ort, dann Bergstraße bis Parkplatz bei Gasthaus | **Tipp** In Niederhollabrunn findet sich ein bekannter Tumulus, und wem der zu alt ist, der besichtigt die barocke Laurentiuskirche.

32__Der Stirbwegtunnel
Wer das Licht sieht

Bekannt ist die an der Oberkante des Wagrams stehende, um 900 gegründete Kirche von Hausleiten als »Mutterpfarre des Weinviertels«. Schon allein deswegen ist sie erwähnenswert, allerdings hält der Kirchen- und Pfarrhofkomplex noch anderes für den gern gesehenen Besucher bereit. Zum einen den schönen Wagramausblick von der die Kirche umgebenden Friedhofsmauer aus. Zum anderen kann man das der heiligen Agatha geweihte Gotteshaus, dessen Innenraum Fresken vom berühmten Kremser Schmidt aufweist, auch unterwandern – durch den Stirbwegtunnel am Fuße des Wagrams.

Auch der Homo Weinviertelensis musste bei seinem letzten Gang getragen werden. Gehörte er, bis zu seinem traurigen Ableben, zur Pfarrgemeinde Hausleiten und wohnte unterhalb des ehemaligen Urdonauufers, dem Wagram, so wurde er durch diesen Hohlweg zu Kirche und Friedhof gebracht. Nachdem der Weg Teil des Weinviertler Jakobsweges ist, hat der Pilger hier die Möglichkeit, schon zu Lebzeiten das berühmte Licht am Ende des Tunnels zu sehen. Die seltsame, aber äußerst praktische Unterführung wurde im Zuge des Pfarrhofbaues im Jahre 1774 geschaffen. Beauftragt durch den umtriebigen Pfarrer Gschellhammer, der diesen Aufgang durch den ehemaligen Hohlweg unbedingt wollte. Und weil die hohe Geistlichkeit damals einen viel bedeutenderen Einfluss als heute hatte – wurde ihm der Wunsch gewährt.

Übrigens war diese hohle Gasse schon damals auch der Zugang zu dem vor der Kirche stattfindenden Wochenmarkt. Der spielte sich, schon lange bevor Hausleiten 1832 das Marktrecht erlangte, am Kirchenvorplatz ab. Bis in die Neuzeit waren noch die Grundmauern der Stände an der Friedhofsmauer zu sehen. Natürlich wurden seitens der geistlichen Gastgeber von den »Standlern« Gebühren erhoben, welche der Kirche zugutekamen. Selbst im 20. Jahrhundert standen noch vereinzelt Kerzenverkäufer, zum Beispiel an Maria Lichtmess, vor der Kirchenmauer.

Adresse 3464 Hausleiten, Kirchenstraße 25 | **Anfahrt** A22 bis Stockerau Nord, dann B4 Richtung Horn, nach 1,2 Kilometern links auf L14 bis Hausleiten, dort in die Kirchenstraße, bis links die Kirche auftaucht, parken rechts | **Tipp** Der Leeberg in Pettendorf, ein ehemaliges Hügelgrab, wurde im Mittelalter zu Hausberg und Wehranlage umgewandelt und 2014 neu gestaltet.

33__Das Nonseum

Verein zur Verwertung von Gedankenüberschüssen

Lehrreich und erbaulich ist der Besuch im »verrückten Dorf« Herrnbaumgarten. Manchmal geht es auch recht feierlich zu, zum Beispiel bei der »Ehret den Sock«-Wanderung am Nationalfeiertag (mit Einzelsockengedenkausstellung).

Schuld sind fünf (damals) junge Herren, die 1981 im Wirtshaus beobachteten, wie eine Kellnerin ein schmutziges Tischtuch umdrehte und weiterverwendete. Clever, fanden die Herren und hatten die Idee zu einem würfelförmigen Tischtuch, das man bis zu sechsmal verwenden könnte. Um diesem und anderen visionären Einfällen den richtigen Rahmen zu geben, gründete man sogleich den »Verein zur Verwertung von Gedankenüberschüssen«, der die Sinnbefreiung von Erfindungen zum Credo erhob. Die »erste österreichische Nonsens-Erfindermesse« wurde ein voller Erfolg. Die Nachfolgeveranstaltungen ebenfalls, und am Vogelscheuchenfestival »Todermauner unlimited« beteiligte sich das ganze Dorf. Danach war ein fixes Haus, in dem die hohe Kunst des Scheiterns zelebriert, exhibitioniert und konserviert wird, unumgänglich. Das Nonseum ward geboren. Treibende Kraft, Impresario des kultivierten Irrsinns und Haupterfinder von Dingen, die man auch nicht braucht, ist Fritz Gall, dessen unermüdliche Arbeit darauf abzielt, scheinbar brauchbare Dinge in unbrauchbare zu verwandeln. Längst sind die Dorfbewohner auf den Zug in den Abgrund aufgesprungen und helfen nach Kräften, Herrnbaumgarten und Umgebung »verrückt« zu präsentieren. Das Herz bleibt allerdings das Nonseum, mit Exponaten wie der Gegenzug-Zigarette (für Partner), der Gitterbrille (nie wieder Fliegen im Auge), einem Periskop für den Allerwertesten (das sehen sonst nur die anderen) oder dem Denkmal für Lebende (man stelle sich auf den Sockel). Seit der Erweiterung hat das Nonseum nun auch ein Kino, in dem man die praktische Anwendung der unpraktischen Objekte vorgeführt bekommt. Es lohnt sich!

Hochstapel-Kappel
Auch kleinwüchsige Würdenträger
können hier pro Mütze um satte
7,38 cm über sich hinauswachsen.

Stackable significaps
Even short dignitaries may excel
themselves by a whopping 2.9 in-
ches per cap.

**Nezáleží na tom, co je
pod čepicí, ale kolik
čepic je na hlavě**
Ženy mnijí vysoké muže. Když ale
příroda obdařila muži pouze napůlo-
vinovým vzrůstem, může důležitý
nositel funkcionářské čepice vyrůst
o 7,38 cm. S čepicí x 7,38 cm po-
kytnou multifunkční nárůst výšky o
celých 22,14 cm včetně všech pod...
Foto: Gari

Adresse 2171 Herrnbaumgarten, Friedhofstraße 2a, www.nonseum.at, Tel. 02555/2737 |
Anfahrt A5, Abfahrt Poysdorf Nord, dann nach Herrnbaumgarten | **Öffnungszeiten**
Palmsonntag–Allerheiligen Sa, So und Feiertage 10–18 Uhr, Do, Fr 13–18 Uhr | **Tipp**
Gleich nebenan liegt die »Vermischte Warenhandlung« – ein Greißlermuseum mit
Originalinventar.

34 Das Kunstfeld

Zwölf Stelen machen die Welle

Fährt man im zügigen Tempo die Laaer Straße entlang, bemerkt man kurz vor Karnabrunn mehrere graue Steinsäulen in der Landschaft – und ist auch schon wieder daran vorbeigefahren. Soll das eine neue Form von Silo sein? Ist man aber erst einmal neugierig geworden, wendet man den Wagen, hält an, nutzt den eigens vorbereiteten Parkplatz, geht vorsichtig über die Straße und wird sofort von der Landschaft umfangen, die hier durch sogenannte Stelen wunderbar akzentuiert wird.

»Eine Liebeserklärung an die Weinviertler Landschaft« nennt Franz Kreiner vom Hetzmannsdorfer Dorferneuerungsverein das Projekt. Elf Granitstelen, allesamt gleich hoch, zeichnen in über vier Metern Höhe die weinvierteltypische zarte Landschaftswelle nach. In gleichmäßigen Abständen wurden die acht Tonnen schweren Blöcke in die Erde gesetzt.

Man muss dieses Kunstwerk unbedingt einmal entlanggehen, es sich erarbeiten, nur so erfährt man erstens den Reiz der sanft gewellten Landschaft und kann zweitens die von Künstlern aus vier Nationen behauenen Steine näher betrachten. Zdenek Hula (Tschechien), Hartwig Mühlleitner (Österreich), Fu Zhong Wang (China), Jiri Kacer (Tschechien), Torsten Holger Schlopsnies (Deutschland), Wendelin Munter (Österreich) sowie die Organisatoren Peter Paszkiewicz und Franz Kreiner bearbeiteten die 80 mal 80 Zentimeter großen Quader.

Initiiert vom Dorferneuerungsverein Hetzmannsdorf, gefördert von regionalen Gewerbetreibenden und dem Land Niederösterreich, wurde das Kunstfeld am 24. September 2005 eröffnet. Seither lässt sich die sanfte Welle, die so viele Weinviertler Äcker prägt, in luftiger Höhe betrachten. Das Kunstfeld ist gleichzeitig ungewöhnliches Denkmal für die einmalige Kulturlandschaft.

Übrigens steht – falls sie schon von aufmerksamen Leserinnen vermisst wurde – die zwölfte Stele am Ortsrand von Harmannsdorf.

Adresse 2112 Hetzmannsdorf, außer Ort auf B6 Laaer Straße zwischen Harmannsdorf und Karnabrunn, Kontakt: Franz Kreiner, Tel. 02263/2274, Koordinaten 48.446314, 16.386525 | **Anfahrt** von A22 kommend Abfahrt Korneuburg West, S1 bis Korneuburg Nord, dann Richtung Laa auf B6 nach Harmannsdorf, nach circa 6 Kilometern Parkplatz rechts | **Tipp** Ganz in der Nähe und in Sichtweite gibt es ein weiteres Kunstobjekt, das »Sonnenrad«, zu bewundern.

35__Die Galerie grenzART

Zeitgenössische Kunst neben historischem Festsaal

Das sogenannte »Einserhaus« wurde noch zur Kaiserzeit erbaut und bot, neben repräsentativen Wohnungen für die leitenden Angestellten der Sparkasse, auch einem großen Sitzungssaal Platz. Seit die Stadtgemeinde das Haus übernommen hat, weht in den Räumen neben diesem historischen Saal ein frischer Wind. Der 2005 gegründete Verein grenzART etablierte hier ab 2013 seine Galerie, und damit hielt die zeitgenössische Kunst Einzug in die altehrwürdigen Mauern.

Ein ambitioniertes Unternehmen, einerseits sind die Kleinstädter nicht unbedingt als fanatische Ausstellungsgeher verschrien, andrerseits ist Wien mit seinem breit gefächerten Angebot nicht weit. Dennoch gelang es den Mitgliedern von grenzART, sich in der Kunstszene einen Namen zu machen. Das liegt zum Teil an einer gewissen Haltung (»Wir orientieren uns nicht an Gefälligkeit«), aber auch an den Ausstellungen, die, von wechselnden Kuratoren betreut, stets die Spannung der Gegenüberstellung ausreizen. Etabliert versus unbekannt, Plastiken versus Bilder, Acryl versus Erdfarben. Und letztendlich liegt es auch an der Qualität sowohl der ausstellenden Künstlerinnen und Künstler als auch der Arbeit des Vereins an sich. Rund sieben Ausstellungen jährlich, Kinderführungen, Symposien, Aktionswochen mit Workshops und Spezialveranstaltungen werden organisiert. Dazu kommt ein reger Austausch mit Institutionen aus dem Ausland – eigentlich müsste der Verein grenzenlosART heißen.

Der Einzug der Galerie hat dem »Einserhaus« auf jeden Fall gutgetan. Gemeinsam mit der Stadtbibliothek und dem Regionenshop im Erdgeschoß, der Genussprodukte lokaler Produzenten anbietet und nebenbei gemütliches Bistro ist, trägt grenzART zur Belebung der Innenstadt bei und ist Anziehungspunkt in der Fußgängerzone. Und, wie eine Ausstellungsbesucherin verblüfft feststellte: »Man muss gar nicht mehr nach Wien fahren.«

Adresse 2020 Hollabrunn, Sparkassegasse 1, www.grenzart.org, Tel. 0664/6624475 |
Anfahrt Hollabrunn, Zentrum, Parkmöglichkeit am Hauptplatz, von dort in die
Sparkassegasse (Fußgängerzone), 1. Haus links | **Öffnungszeiten** Fr 15 – 18 Uhr, Sa,
So 10 – 12 Uhr | **Tipp** »Auf den Spuren der Kellerkatze«, ein multimedial gestalteter
Themenweg über den Wein, führt durch mehrere Hollabrunner Kellergassen, mit
Picknickmöglichkeit.

36__Der Motorikpark

Spüre deinen Bewegungsapparat

Wofür in Trainingszentren und Rehakliniken viel Geld abzulegen ist, kann in Hollabrunn von jedermann, -frau, -kind frei genutzt werden: ein top ausgestatteter und optimal gestalteter Parcours für Menschen jedes Alters, bei dem spielerisch Koordination, Kraft, Schnelligkeit, Ausdauer und Beweglichkeit trainiert werden können. Ein Vorzeigeprojekt, nicht nur im Weinviertel.

Der »Wasserpark« (so genannt wegen des Speichers für die Hollabrunner Wasserversorgung), mit reichem Baumbestand und schmalen Wegerln, war schon früher beliebter Erholungspark und Kinderspielplatz, mit malerischem Bacherl. Als man vor gut 20 Jahren das letzte Update der Spielgeräte vornahm, brachte es der Park sogar zu TV-Ehren, als ihn nämlich Karl Merkatz im ORF präsentierte. 2017 allerdings entdeckte der Borkenkäfer den Park für sich und richtete, wie überall, gewaltige Schäden an – viele Bäume mussten gefällt und der Park aus Sicherheitsgründen gesperrt werden. Die in die Jahre gekommenen Spielgeräte wurden entfernt. Nach langen Überlegungen entschloss man sich auf Betreiben des Sportmediziners Dr. Gunther Leeb, diesmal nicht zu kleckern, sondern zu klotzen: Mit Unterstützung von EU, Bund und Land entstand, unter der Federführung von Stadtbaudirektor DI Stephan Smutny-Katschnig, der modernste Motorikpark Österreichs.

Die Firma MotorikDreams gestaltete die 24 Stationen des Parcours nicht nur für jede Altersgruppe, sondern auch so trickreich, dass das Training des gesamten Bewegungsapparates (und nebenbei auch des Gehirns) auf so abwechslungsreiche und spielerische Art erfolgt, dass selbst Ungeübte den Muskelkater erst spüren, wenn sie fertig sind und ihre Lieblingsstationen zum zweiten oder dritten Mal ansteuern.

Dass die Besucher von nah und fern zum lustvollen Bewegen herkommen, zeigt, dass hier wirklich etwas Großartiges geschaffen wurde.

Adresse 2020 Hollabrunn, Mühlenring 2, Koordinaten 48.56669, 16.08424 | **Anfahrt** A22, S3 bis Hollabrunn, 3. Abfahrt, im Ort bis Ampel, links auf Mühlenring, gerade über Kreisverkehr, bei nächster großer Kreuzung links auf Parkplatz | **Tipp** Gleich neben dem Motorikpark ist das Veranstaltungszentrum »Kulturmüh'µ« (www.kulturmue.at).

37___Der Bildstock

Ode an den »Wamperten«, der Michl heißt

Gar mancher schreibt ihn den Römern zu, ein vorbeieilender Bauer erhöht das Alter des Bildstockes mit »der steht do schon ewig« noch beträchtlich. Die Wissenschaft wiederum sagt, dass dieses Denkmal in die Flur »Unterbirting« im 15. Jahrhundert gesetzt wurde. Der Volksmund weiß auch seinen richtigen Namen – »Michl« wird er gerufen. Generationen von Kindern wurden von den Älteren zu ihm geschickt, um ihm die Frage zu stellen: »Michl, was tuast'n?« Und wenn sie dann auf die Nachfrage, was er denn geantwortet habe, berichteten, dass der Michl nichts gesagt habe, dann lächelten die Älteren und meinten: »Oiso hot er gsogt, er tuat nichts. Daun passts jo eh.«

Die achteckige Grundform aus rötlichem Sandstein, ungewöhnlich großflächig für die geringe Höhe, brachte dem Bildstock den wenig schmeichelhaften Namen »Wamperter« (Dicker) ein. Abgeschlossen wird die Säule durch eine viereckige Platte, auf der eine gotische Nische mit einem Kreuz sitzt. Alle diese Teile waren mit Sicherheit zuvor schon an anderer Stelle in Verwendung. Möglicherweise stammen sie noch von der alten Hörersdorfer Kirche. Die Geschichten um den »Wamperten« berichten, dass darin entweder ein Bösewicht eingemauert sein soll oder ein Pfarrer, dem die Schweden im Dreißigjährigen Krieg übel mitgespielt haben. Die Geschichtenerzähler konnten sich nicht ganz einigen, wer denn nun wirklich im Bildstock steckt. Eindruck macht er auf alle Fälle, wie er dasteht, fast ist es ein Thronen in der Weinviertler Erde, trutzig und unverrückbar.

Viele haben ihre Zeichen im weichen Sandstein hinterlassen, da ein Schriftzug, dort eine wichtige Zahl, alles schwer zu entziffern, einzig ein Gesicht an der Südostseite ist als solches zu erkennen. In den 1990er Jahren wurde der »Wamperte« sogar vom Blitz getroffen. Dennoch steht er unverändert da und wartet – vielleicht tatsächlich auf die Ewigkeit.

Adresse 2132 Hörersdorf, Grundstücksnummer 3648, Koordinaten 48.635196, 16.52146 | **Anfahrt** A5 bis Schrick, dann Richtung Mistelbach, auf B46 bis Hörersdorf, am Ortsende nach rechts Richtung Marienbründelweg, den Bahndamm entlang, nach kurzer Strecke rechts im Feld | **Tipp** Beim Frättingsdorfer Bahnhof sieht man noch die Reste der Ziegelei Steingassner, leider stark in Mitleidenschaft gezogene, verfallende Industriearchitektur, trotzdem sehenswert.

38_Der Gottelhof
Ein falscher Abbruch

Keine zwei Kilometer vom Hof entfernt, umgibt eine Ziegelmauer das weitläufige Areal des ehemaligen Schlossparkes. In seinem Teich wird explosiver Inhalt vermutet. In den letzten Tagen des Zweiten Weltkrieges nämlich, als die Sowjetarmee näher rückte, machte sich Nervosität im beschlagnahmten Schloss breit. Kein Wunder, war es doch als Kunstdepot in Verwendung. Ein Gutteil von Gustav Klimts Arbeiten war hier gelagert. Diese Kriegsbeute wollte man den Russen nicht überlassen.

Beim Abzug dürfte das Schloss daher befohlenermaßen angezündet worden sein, brannte mehrere Tage lang und wurde niemals wieder aufgebaut, sondern als Steinbruch genutzt. Damals hieß es, die Bilder seien verbrannt, heute weiß man, dass viele gerettet wurden. Über die im Teich entsorgten Munitionsbestände oder Bomben kann nur gemutmaßt werden.

Der zum Besitz (sprich: »zur Herrschaft«) gehörige Gottelhof außerhalb von Immendorf, im vorigen Jahrhundert als landwirtschaftlicher Musterbetrieb geführt, hat sein »Stammhaus« bis heute überlebt. Neben Stallungen und Nebengebäuden dominierten vor allem ein großes Arbeiterquartier und ein eigenes Haus für den Verwalter das Ensemble. Diese beiden Bauten spielten vor wenigen Jahren nicht unbedeutende Rollen in einer Provinzposse.

Im Zuge der Genehmigungsverfahren für einen geplanten Windpark bekämpften Befürworter und Gegner einander mit allen Mitteln. Der Hof selbst diente zwar nur mehr als Unterstand für landwirtschaftliche Maschinen, da aber kurzzeitig Erntearbeiter dort untergebracht waren, beriefen sich Windparkgegner auf ein Gesetz, das die Errichtung von Windrädern »näher als 750 Meter an bewohnten Gebäuden« verbietet. Daraufhin ließ man kurzerhand das »Arbeiterhaus« abreißen. Leider stellte sich heraus, dass laut Gesetz das Verwalterhaus hätte geschliffen werden müssen. Die Errichtung des Windparks verzögert sich bis heute.

Adresse 2022 Immendorf, Gottelhof, Koordinaten 48.66557, 16.11821 | **Anfahrt** A22, S3 bis Abfahrt Wullersdorf, L35 nach Immendorf, dann Wirtschaftsweg nach Norden bis Gottelhof | **Tipp** Wenige hundert Meter entfernt befindet sich der Aussichtspunkt auf die Kreisgrabenanlage Immendorf.

39___Die Weinkirche

Wo viele gern Messdiener wären

Die Rolle des Weines ist in der katholischen Kirche tief verwurzelt, und ebenso im Weinviertel. Also überrascht die Verwandlung einer Kirche in eine Weinkirche vielleicht anderswo, aber nicht hier.

So passiert in der grenznahen Gemeinde Jetzelsdorf. Nach dem Bau einer neuen Kirche im Jahr 1975 verfiel das ausgediente, alte Gotteshaus zusehends, und niemand wusste so recht, was man mit dem mittlerweile profanisierten Gebäude anfangen sollte. Es wurde sogar als Verkehrshindernis angesehen und daher beinahe dem Abriss preisgegeben.

Aber dann hatte jemand eine gute Idee. In den 1990er Jahren, die Durchzugsstraße war zwischenzeitlich durch eine Umfahrung entlastet worden, beschloss man eine Weiterverwendung des Kirchleins. Und so wurde der einst sakrale Bau aus dem Jahr 1786 unter Mitarbeit zahlreicher Freiwilliger aus der ortsansässigen Bevölkerung in über 3.000 Arbeitsstunden sanft zu besagter Weinkirche umgestaltet.

Die Anfänge des Bethauses reichen sogar noch ein paar Jahre weiter als 1786 zurück. Begonnen hat es mit einem einfachen Marterl, beziehungsweise einer Betsäule, ab 1707 ersetzte eine kleine Kapelle die dachlose Andachtsstelle. Die Kapelle wiederum wurde bald erweitert und diente hernach 200 Jahre als Jetzelsdorfer Ortskirche.

Wer nun vermutet, dass hier Wasser in Wein verwandelt wird, ist leider auf dem Holzweg. Es feiern keine sektenartigen Verbindungen Orgien mit Bädern im Weinfass, und es gibt auch keinen überlebensgroßen Gott Bacchus, der am Altar thront. Dennoch hat der alte Bau wieder eine menschenverbindende Funktion: Er dient heute als Dorfzentrum, als Veranstaltungsraum und Vinothek, und das im schönen Rahmen eines lieblichen Kirchenbaues. Und von manchem Weinliebhaber wird mit Fug und Recht behauptet, dass er nun viel öfter in der Kirche anzutreffen ist als früher.

Adresse 2053 Jetzelsdorf, Jetzelsdorf 13a, www.weinkirche.at **| Anfahrt** A22 bis Hollabrunn, B303 bis Guntersdorf, rechts halten, Straße nach Jetzelsdorf folgen, im Kreisverkehr 1. Ausfahrt B45, nach 150 Metern links in den Ort **| Tipp** Das nahe gelegene Znaim bietet zahlreiche Sehenswürdigkeiten (Pass mitnehmen).

40 Die Scheunenorgel

Blumen unter 1.000 Pfeifen

Fährt man am Ortsrand von Kalladorf entlang, kann es passieren, dass man eine Bach-Fuge hört. Die Kirche mit zugehöriger Orgel sucht man vergebens. Zu sehen ist nur ein hoher Nadelbaum, ein netter Garten und, ans Einfamilienhaus angebaut, eine ehemalige Scheune. Nicht ungewöhnlich, oder? Aber in der Scheune führt eine Wendeltreppe hoch zur Zwischendecke, und die wiederum trägt einen Schatz.

Im Jahr 2003 wurde die Kirchenorgel von Hohenau ausgemustert. Pneumatisch angesteuerte Orgeln haben manche Vorteile (zum Beispiel eine leichtgängige Tastatur, selbst bei voller Registrierung), aber leider auch Nachteile, und so hatte die Hohenauer Orgel ausgedient. Ingenieur Michael Halbwidl, der schon als Bub in den Werkstätten von Orgelbauer Johann Kauffmann und Klavierbauer Ludwig Nehr geholfen hatte, war Feuer und Flamme für das Instrument. Ursprünglich suchte der Chorleiter und Organist ein kleines Exemplar, zum Üben fürs Wohnzimmer, aber dann konnte er doch nicht widerstehen, und so wanderten innerhalb von nur zwei Wochen Windladen und Blasbalg, Elektrik und Verblendung sowie ein 300 Kilo schwerer Spieltisch (zwei Manuale, 14 Spielregister) nach Kalladorf. Und – nicht weniger als 1.015 Pfeifen.

Die 1931 von Huber aus Eisenstadt erbaute und 1958 von Josef Trautnig elektrifizierte Orgel wieder zu rekonstruieren, war eine Sisyphusarbeit, die sich wohl niemand angetan hätte, der nicht über Halbwidls Geduld und Fachkenntnisse verfügt. Der Nachrichtentechniker investierte Monate in Aufbau und Abstimmung. Mit der Wahl des Aufstellungsortes bewies er den richtigen Instinkt. Das Holz des Dachstuhls ist ein großartiger Resonanzkörper, der die Königin nun voll erklingen lässt. Davon kann sich das private Publikum alljährlich bei den sommerlichen »Scheunenkonzerten« überzeugen. In der kalten Jahreszeit teilen sich übrigens Orgel und etliche zum Überwintern eingestellte Blumen die Scheune.

Adresse Ing. Michael Halbwidl, 2042 Kalladorf, Kalladorf 100, Tel. 02951/2530 | **Anfahrt** auf der L1066 von Guntersdorf kommend circa 300 Meter nach Ortsanfang auf rechter Seite | **Öffnungszeiten** Führungen und Vorspiel nach Vereinbarung | **Tipp** Kalladorf hat auch ein interessantes Bauernmuseum am anderen Ortsende zu bieten.

41 Der Markt
Naschmarkt im Weinviertel

Jahrmarkt, Kirtag oder Wochenmarkt, in manchen Ortschaften findet man sie noch, die Tage des Zusammenkommens, wenn auch nicht mehr so häufig wie früher. Wenn ein Markt dann auch noch vor regionalen Waren nur so strotzt, ist alles gut. Im Falle von Kirchberg entstand wieder ein schönes Gefüge aus Plaudern, Essen, Trinken und Handeln. Eine Veranstaltung, die einer Gemeinschaft guttut und den Besuchern ein Wohlfühlgefühl vermittelt. Im lebhaften, dabei aber wohltuend unaufgeregten Gewusel lässt sich wunderbar gustieren – und man bleibt gern auch ein wenig länger.

Seien es Bäcker, Fleischer, Gärtner oder Weinbauern, hier bieten viele ihre Köstlichkeiten feil, und auch die beliebte Wagramforelle findet man am von Bäumen beschatteten Marktplatz. Die gereichten Kostproben gibt es nicht so sehr, um zu testen, ob es schmeckt, sondern um herauszufinden, wie sehr es schmeckt. Lange Zeit hat man darauf verzichtet, Märkte waren Ende des vorigen Jahrhunderts aus der Mode gekommen.

Dass der Wochenmarkt nun wieder stattfindet, ist einer Privatinitiative aus dem Jahre 2003 zu verdanken. Das Marktrecht geht allerdings schon auf das Jahr 1493 zurück, es wurde dem Ort Kirchberg freundlicherweise von Kaiser Friedrich III. verliehen. Ab 1636 zeigte das am unteren Ende des Marktplatzes in der Nähe der Kirche stehende »Marktmanderl« an, wenn Markt abgehalten wurde. Man tauschte den Hammer, welchen das »Manderl« während der marktfreien Zeit in seiner Hand hielt, gegen ein Schwert aus, und schon wusste Groß und Klein: Markttag ist! An diesen Tagen war auch die Anwesenheit der hohen Gerichtsbarkeit gegeben, um eventuelle Streitigkeiten gleich an Ort und Stelle zu schlichten.

Mit einem sogenannten Kostachterl Wein im Magen und voller Einkaufstasche verlässt man gut gelaunt diese auch sonst bemerkenswerte Marktgemeinde und freut sich schon auf ein nächstes Mal.

Adresse 3470 Kirchberg am Wagram, Marktplatz | **Anfahrt** A22 bis Knoten Stockerau,
S5 Richtung Krems bis Ausfahrt Kirchberg am Wagram (circa 25 Kilometer), Kreisverkehr
3. Ausfahrt L46 nach Kirchberg, dort Kremserstraße, auf Müllergraben bis Marktplatz |
Öffnungszeiten Mai–Okt. Sa 8.30–12 Uhr | **Tipp** Das ebenfalls am Marktplatz gelegene
Alchemistenmuseum mit den Funden von Gut Oberstockstall oder der nahe gelegene
Alchemistengarten führen uns zurück ins Mittelalter.

42__Die Nothelfer

Sie sind die Superhelden der Christenheit

Doktor Google lag noch in weiter Ferne, Ratgeber im Taschenbuch-format gab es keine, und der katholische Glaube war seit Generationen fest in der Bevölkerung verankert. Es war also die natürlichste Sache der Welt, sich bei Problemen mit Bitten und Gebeten an die heiligen Nothelfer zu wenden, die seit dem 14. Jahrhundert verehrt wurden.

Es handelt sich um drei Frauen und elf Männer, jede und jeder ist für unterschiedliche Leiden und Nöte zuständig. Die meisten von ihnen waren Märtyrer, nur der Einsiedler und spätere Klostergründer Ägidius stellt eine Ausnahme dar. Es würde den Rahmen sprengen, hier die einzelnen Zuständigkeitsbereiche aufzulisten, aber die Namen der 14 heiligen Nothelfer müssen sein: Achatius, Ägidius, Barbara, Blasius, Christophorus, Cyriacus, Dionysius, Erasmus, Eustachius, Georg, Katharina, Margarethe, Pantaleon und Vitus. Bei der Verteilung der Aufgaben und der Schutzpatronanzen hat man es mit der heiligen Barbara besonders gut gemeint. Sie ist nicht nur Helferin gegen Blitz- und Feuergefahr, sondern auch Schutzpatronin der Bergleute, Geologen, Artilleristen, Hüttenleute, Architekten, Glöckner, Glockengießer, Schmiede, Maurer, Steinmetze, Zimmerleute, Dachdecker, Elektriker und Pyrotechniker. Außerdem Patronin der Sterbenden, der Totengräber, Hutmacher, Jungfrauen und der Gefangenen.

Darstellungen der heiligen 14 Nothelfer auf Bildstöcken sind selten. Bei Kleinburgstall, an der Kreuzung nach Reikersdorf, steht eine der wenigen, vermutlich aus dem 18. Jahrhundert. Auf quaderförmigem Sockel, Rundsäule und weiteren zwei Quadersteinen thront ein in Birnenform gehauener Kalksandstein (Zogelsdorfer Bryozoenkalk, typisch für die Gegend) mit einem Relief der 14, darüber ein Kreuz. Das Relief dürfte dem Hochaltarbild von Franz Anton Zoller (1776) in der Pfarrkirche Wien Lichtenau nachempfunden sein.

Adresse 3713 Kleinburgstall, außer Ort, Koordinaten 48.562977, 15.757329 | **Anfahrt**
E49 bis Maissau, L35 bis Eggendorf am Walde, L1244 durch Kleinburgstall durch, bis
Kreuzung nach Reikersdorf | **Tipp** Das Landgasthaus Winkelhofer (3712 Eggendorf, am
Wald 45) ist ein ausgezeichneter Gasthof mit »Wirtshauskultur«-Prädikat.

43 Das Zeitreisemuseum

Terra Technica – Jukebox & Pinball Museum

Das größte Museum des Weinviertels steht in Tschechien. Das heißt, eigentlich steht es im Niemandsland, in einer Stadt, die nach einem Schwert benannt ist und keine Bewohner hat. Trotzdem pulsiert sie vor Leben, es arbeiten rund 2.000 Menschen dort, und besucht wird die Stadt jährlich von Hunderttausenden. Es gibt Hotels, Casinos, Vergnügungsparks, Lokale, eine Tierklinik und verdammt viele Geschäfte.

Der Unternehmer Ronald Seunig startete sein Imperium kurz nach der Grenzöffnung mit einem winzigen Duty-free-Shop. Rund 30 Jahre danach schaut man von dem Aussichtsturm an der Straße zu Unterretzbach Richtung Tschechien und meint, Las Vegas vor sich zu haben. Seit 2017 ist das »Terra Technica – Jukebox & Pinball Museum« neuer Anziehungspunkt in der »Excalibur City«. Ein modernes, großzügig angelegtes Museum mit Tausenden Exponaten. Man beschränkt sich hier nicht nur auf Jukeboxen und Flipperautomaten, sondern zeigt eindrucksvoll die Entwicklung der Unterhaltungsmaschinen.

Die Zeitreise startet mit Walzenklavieren, Lochstreifenorgeln und Orchestrions aus dem späten 19. Jahrhundert, führt über die ersten Grammophone und telefonzellenartige Kabinen zum Selbstaufnehmen akustischer »Grußkarten« bis zu den ersten Wurlitzern in verschiedenster Ausprägung. Interessant sind hier vor allem auch die Mechaniken zum Auswählen und Auflegen der Platten, bei frühen Modellen noch gewollt sichtbar, als zusätzliche Attraktion der Geräte. Von der Funktionstüchtigkeit der Exponate darf man sich bei extra gekennzeichneten Geräten selbst überzeugen. In der Pinball-Sektion können Interessierte unter anderem auch den »Hercules« bespielen, einen riesigen Flipper, dessen »Bälle« Billardkugeln sind. Sehenswert zwischen den Ausstellungsstücken sind auch die Dekorationsobjekte: Oldtimer (unter anderem von Stan Laurel), Motorräder und ganze Lokale bilden den passenden Rahmen.

Adresse 2054 Kleinhaugsdorf, www.jukeboxmuseum.eu, Koordinaten 48.769609, 16.062853 | **Anfahrt** B303 Richtung Tschechien, 500 Meter nach Grenzübergang Kleinhaugsdorf links | **Öffnungszeiten** Mo–So 10–19 Uhr | **Tipp** Für Kinder gibt es am Areal des Einkaufszentrums mehrere Erlebnisparks (Wasserwelt, Klettersteige, Gokart-Bahnen).

44 Die Figurengruppe

Steinerner Dank an den Himmel

Vielleicht hatte einer der Kutscher zu viel getrunken, vielleicht war ein Rad gebrochen, vielleicht war auch der Weg zu schmal, um gefahrlos aneinander vorbeizufahren – kurz, es kam zum Zusammenstoß. Die Pferde stürzten, die Kutschen kippten, Holz zerbarst, Menschen schrien, und die junge Frau des Grafen konnte nur mehr leblos aus den Trümmern gezogen werden. Auch ihr Gemahl selbst war schwer verletzt, und lange Zeit sah es so aus, als wäre diese Fahrt die letzte des Paares gewesen. Aber wie durch ein Wunder erholten beide sich schließlich doch von ihren Verletzungen. Da beschloss der Graf, ein Kunstwerk in Auftrag zu geben, um seinen Dank für die Gnade Gottes auszudrücken und für die Nachwelt zu erhalten. 1780 beauftragte er einen Steinmetzmeister aus Eggenburg mit der Errichtung einer imposanten Figurengruppe an der Stelle des Unfalls.

Die Sandsteinarbeit zeigt die Heilige Dreifaltigkeit und die Heilige Familie mit dem zwölfjährigen Jesus im Tempel, nach der Heimkehr aus Ägypten. Diese Art der Darstellung wird auch heiliger Wandel genannt. Links der Heiligen Familie ist der heilige Sebastian zu sehen, welcher, von etlichen Pfeilen durchbohrt, für tot gehalten wurde, aber durch hingebungsvolle Pflege wieder zu Kräften kam – genau wie die Frau des Grafen. Rechts der Dreifaltigkeit steht der heilige Rochus, der nicht nur als Schutzpatron der Pestkranken galt, sondern auch wegen kranker Haustiere angebetet wurde. Möglich, dass ihn der Graf wegen der Genesung seines verletzten Lieblingspferdes in die Figurengruppe mit aufnehmen ließ. In der Sockelkartusche, unter den Figuren, sind die armen Sünder im Fegefeuer zu sehen.

Leider ist die Figurengruppe aber kein Zeugnis eines Happy Ends. Mündlichen Überlieferungen zufolge war die Dankbarkeit des Adeligen verfrüht, seine Frau starb bald nach der Fertigstellung des Monuments an den Spätfolgen des Unfalls.

Al Dreifaltigkeit erbarme
dich unser u aller armen
Seelen.

Adresse 3714 Kleinkirchberg, Koordinaten 48.591397, 15.925069 | **Anfahrt** von Sitzendorf kommend in Kleinkirchberg rechts halten, Richtung L1218, auf dieser Richtung Minich-hofen bis zur Abzweigung Niederschleinz | **Tipp** In der Kirche von Sitzendorf findet sich die bemerkenswerte Grabplatte des »Ritters von Sitzendorf«.

45 Das Südmährenkreuz

Über den verlorenen Norden des Weinviertels

Oft liegt im Wein auch das Vergessen. Aber manches sitzt bei den Betroffenen so tief, dass auch der beste Wein nicht darüber hinweghilft.

Der nördlichste, jetzt jenseits der Grenze liegende Teil des Weinviertels, der bis 1919 zu Niederösterreich gehörte, war von einer Vertreibungstragödie betroffen, die mit den Beneš-Dekreten ihren Anfang nahm. Diese wurden im Nachhinein als Rechtfertigung zur sogenannten Abschiebung der deutschstämmigen Bevölkerung in den Jahren 1946 bis 1947 aus dem südmährischen Raum benutzt. Die Betroffenen mussten Habe und Heimat aufgeben und die Tschechoslowakei verlassen. Ein endloser Flüchtlingsstrom zog bei Drasenhofen über die Staatsgrenze und wurde hier aufgefangen und versorgt. Die Erinnerung an diese Ungerechtigkeit wird durch mehrere Gedenkstätten, unter anderem dieser am Kreuzberg, wachgehalten. Man legte sie so an, dass die Menschen zumindest in die alte Heimat hinüberschauen konnten, was natürlich in der Zeit des Eisernen Vorhangs, als die Grenze durch Stacheldraht, Elektrozaun und sonstige Hindernisse unpassierbar war, besonders viele zu wehmütigen Blicken auf den Berg rief.

Allerdings wurde in dieser Gegend schon einmal vertrieben. Damals waren die Opfer Angehörige der hutterischen Glaubensgemeinschaft. Das Ganze passierte vor gut 400 Jahren, als man die Andersgläubigen brutal aus der Heimat schmiss und sie bis Amerika vertrieb, wo ihre Nachfahren aufgesplittet in Amish, Mennoniten und Hutterer noch heute ein freies Leben führen.

Vertreibungen sind also nicht neu, und die aus Rache begangenen sind ebenso schrecklich wie die aus religiösen Gründen oder aus geopolitischen. Die Betroffenen spüren die Auswirkungen immer gleich.

Darum sollte man sich beim wunderschönen Blick nach drüben, auf die Pollauer Berge und das Städtchen Mikulov, stets vor Augen halten, dass jeder Mensch ein Mensch ist.

Adresse 2165 Drasenhofen, Schweinbarther Berg, Koordinaten 48.762619, 16.613972 |
Anfahrt A5 (Brünn) bis Drasenhofen, Mitte Drasenhofen links in Spitalstraße, Weg
folgen bis Straße nach Kleinschweinbarth, rechts abbiegen, kurzes Stück, dann links zum
Berg | **Tipp** Diesmal etwas Gescheites von unserer Nobelpreisträgerin Bertha von Suttner:
»Feinde der Menschheit, die da sind: Rohheit und Lüge!« – Wer es bodenständiger mag,
findet eine beeindruckende Sammlung von Steyr-Traktoren im Traktorium Drasenhofen
(www.traktorium.org).

46__Die Kaiserstatue

Mit Schuhen tote Helden kaufen

Der Mann wusste, wie man sich interessant macht. Weder sein genaues Geburtsdatum noch seine Herkunft sind genau bekannt. Er schien aus dem Nichts aufzutauchen und hatte auch schon das Geschäft seines Lebens in der Tasche: die Ausrüstung der österreichischen k.-u.-k.-Armee mit Lebensmitteln, Kleidung, vor allem aber – Schuhwerk.

Dieses »Fersengeld« häufte sich bei dem nach eigenen Angaben illegitimen Sohn von Kaiser Joseph II. (der Legende nach gezeugt mit einer Försterstocher und/oder Gärtnerin in Schloss Hof) zu einem beachtlichen Vermögen an. Mit diesem Vermögen kaufte Joseph Gottfried Pargfrieder allerlei Nützliches: zum Beispiel Schloss Wetzdorf, ein Stück Znaimerstraße und – zwei Helden. Also die Helden kaufte er sich natürlich nicht als Leibeigene (er war sehr sozial), sondern erst post mortem. Soll heißen, die beiden Feldmarschälle Maximilian von Wimpffen und Graf Radetzky von Radetz willigten ein, sich mit Pargfrieder in einer gemeinsamen Gruft bestatten zu lassen (Radetzky verzichtete dafür sogar auf einen Dauerschlafplatz in der Kapuzinergruft). Dafür übernahm der Schuhlieferant die gewaltigen Schulden der beiden Helden. Damit die letzte Ruhestätte auch einen würdigen Rahmen bekäme, ließ er rund um die Gruft einen »Heldenberg« errichten, eine Gedenkstätte für die Großen der K.-u.-k.-Armee mit Hunderten Büsten und Statuen.

Eine lebensgroße Statue zeigt den jungen Kaiser Franz Joseph I., der Pargfrieder nicht mochte, sich von ihm aber trotzdem den Heldenberg schenken ließ und dort die einzigen beiden Denkmäler stiftete, die nicht auf des Millionärs Konto gehen: Maximilian Graf O'Donell und Josef Christian Ettenreich (der ursprünglich Fleischhauer gewesen war) vereitelten gemeinsam ein Messerattentat auf den jungen Kaiser. Zum Dank erhob dieser Ettenreich, den späteren Direktor der »Ersten Österreichischen Spar-Casse«, in den Ritterstand.

Adresse 3704 Kleinwetzdorf, Heldenbergstraße, Radetzky-Gedenkstätte, www.derheldenberg.at | **Anfahrt** A22, S3, bei Stockerau auf B4 Richtung Horn abbiegen, bis Kreuzung Großwetzdorf, links auf Heldenbergstraße bis oberer Parkplatz | **Öffnungszeiten** April, Okt. Di–So 9–17 Uhr, Mai–Sept. 9–18 Uhr | **Tipp** Am Fuße des Berges, neben dem Schloss, lockt das »Koller Oldtimermuseum«, und gleich daneben findet sich der Weinkeller und Ab-Hof-Verkauf des Weingutes Holzreiter (www.holzreiter.co.at).

47__Der Flockerlhof

Ein Wohn- und Firmenpark am Bauernhof

Schon die Fassade ist Programm. Hier vereinigen sich unterschiedlichste Baustile zum harmonischen Ganzen: mittelalterliches Fachwerk trifft auf Gotik, Barock rundet sich neben Jugendstil, Romanik trotzt der Antike, und alles passt wunderbar zusammen.

»Wie können wir unsere Interessen, unseren Wohnbedarf und unsere Arbeit zu einem beglückenden Ganzen fügen?«, lautete die Frage, die sich Susanne und Gerhard von Flockerlhof vor über 26 Jahren stellten. Bei einer Wanderung formulierten sie ihre Vision: ein »Wohn- und Arbeitspark Bauernhof«. Susanne liebt Tiere, arbeitete seit ihrer Jungend mit Holz, Gerhard kommt vom Handel, ist Musiker, und beide wollten weg aus der Stadt. Nach langer Suche fanden sie den passenden Hof, auf dem sie ihre Pläne realisieren konnten. Oder hat der Hof sie gefunden? Ist es Zufall, dass sie den Hof »Flockerlhof« getauft haben? »Flockerl« oder »Flocken« nannte man die Tausend-Schilling-Scheine, deren einige für den Hof hinzublättern waren. Auch die Bezeichnung »Hof der 1.000 Dinge« spielt mit der Zahl, aber erst nachdem sie längst eingezogen waren, lasen sie, dass sie den »Hof der 1.000 Säcke« erworben hatten. Früher war der Sack das Getreidemaß, und ein Hof mit einer Ernte von 1.000 Sack war eher reich.

Reich gemacht hat der Flockerhof seine Besitzer im materiellen Sinne nicht, aber ihr Leben ist mit Sicherheit reicher geworden. »Durch unser vielseitiges Angebot lernen wir Leute aus den unterschiedlichsten Lebenswelten kennen, die unseren Horizont erweitern.« Und gemäß dem Slogan des Flockerlhofes »Trink und find 1.000 schöne Dinge« verzahnt sich hier alles zu einem großen, schönen Ganzen: Kleintiere, die Wanderreitstation, Feinkostladen, Kutschenfahrten und Noriker Pferde, die Vinothek, die offene musikalische Atelierbühne, Trommelkurse und Kunsthandwerksverkauf, Kaffeehausbetrieb und Ausstellungsraum. Der Flockerlhof eben.

Adresse 2116 Ernstbrunn, Klement 21, E-Mail: Susanne@flockerlhof.at, Tel. 0650/2154004 | **Anfahrt** B6 Richtung Laa, in Klement links Richtung Ernstbrunn, nach circa 200 Metern ist rechts der Hof | **Öffnungszeiten** Fr–So und Feiertage ab 11 Uhr, Ausnahmen nach Vereinbarung | **Tipp** Am nahen Oberleiser Berg befindet sich eine Aussichtswarte, die einen herrlichen Ausblick ins Umland bietet.

48__ Die Türmerstube

Hoch gelegene Dienstwohnung für Abstinenzler

Blöd, wenn man beim Einkaufen die Milch vergessen hatte. Oder sonst was. Dann immer der Streit, wer den Müll runterträgt! Und wer »nur mal schnell Zigaretten holen« ging, ward ohnehin lange nicht mehr gesehen. Zum Glück wohnten ja nur charakterstarke Abstinenzler in der höchstgelegenen Gemeindewohnung von Korneuburg. Deren Profil wurde schon in der Stellenausschreibung ganz klar umrissen. »Zum Siebendten soll sich der Thurmer auch zu kainen fällen zum Wein begeben. Allda mit überflüssigen Trungkh aufzuhalten – dadurch die wacht dann unversorgt bleiben würde.«

Im 12. Jahrhundert stand hier noch die Nikolaikirche, Teile davon (der Triumphbogen) sind auch heute noch im Rathausinnenhof zu sehen. Über der Apsis jedoch errichtete man 1440 bis 1447 den »Wachturm«, samt Türmerstube. Die Hussiten verbreiteten seit Jahrzehnten Angst und Schrecken im Land, und auch wenn Korneuburg eine feste Stadtmauer und einen Wassergraben hatte, so war es doch wegen der strategisch ungünstigen Lage im Flachland notwendig, eine Art Frühwarnsystem zu installieren, falls sich Feinde am Horizont zeigten. Dieses Frühwarnsystem war der Türmer. Aber er sollte nicht nur »ins Land einischau'n« und bei Gefahr Signal geben, sondern auch »seyne Musica aufblasen« zu bestimmten Uhrzeiten, an kirchlichen Feiertagen, bei Hochzeiten, Feuersbrunst und natürlich als Salut, wenn Edelleute oder sonstige VIP die Stadt durchritten. Damit er aber gut übers Land sehen konnte und »seyne Musica« auch für alle gut hörbar war, bewohnte er die mit rund 70 Quadratmetern reichlich bemessene Dienstwohnung unter dem Dach des Turmes. Den an die Kirche angebauten Viehstall musste er allerdings bald wieder abreißen.

In späteren Jahren diente die profanierte Nikolaikirche als Feuerwache, Salzdepot und Theater, bis schließlich 1895 das neue Rathaus eröffnet werden konnte.

Adresse 2100 Korneuburg, Hauptplatz, Rathaus | **Anfahrt** A22 bis Korneuburg Ost, dann links Richtung Stadtzentrum, parken am Hauptplatz | **Öffnungszeiten** So 10–17 Uhr | **Tipp** Das »Gwölb« gleich vis-à-vis dem Rathaus ist ein stimmungsreiches Veranstaltungslokal.

49__Der Himmelkeller

Weinviertler G'schichteln in Hermann Bauchs Museum

Der Künstler Hermann Bauch hatte vieles. Einen Erdäpfelacker, Eltern, die ihn an der »Graphischen« studieren ließen, ein großes Talent und eine ausgeprägte Sammelleidenschaft. Vor allem aber hatte er – einen Sohn, der sehr gut erzählen kann.

Dementsprechend lebt das Weinviertler Gesamtkunstwerk »Himmelkeller« nicht von multimedialer Bespaßung aus allen Richtungen, sondern ganz von seinen Objekten und den Geschichten, die Hannes Bauch darüber zu berichten weiß. Den Vater beschäftigten zeitlebens die Themen »Brot und Wein«, die sowohl seine Arbeiten (zum Beispiel das Altarbild in der Hollabrunner Gartenstadtkirche) als auch seine beispielgebende Ausstellung 1974 beeinflussten. Tradition und Religion finden sich auch im Museum, das auf genanntem Erdäpfelacker entstand. Museum bedeutet in diesem Fall übrigens nicht, dass Dinge in einem Haus ausgestellt sind, sondern Gebäude, Außenanlagen, Kellerröhren, Plätze und Konstruktionen sind selbst Ausstellungsobjekte – Gesamtkunstwerk eben.

In den 60er Jahren hieß es am Land: »Weg mit dem alten Graffel und her mit was Neuem.« In Weinkeller und Stadl, in Werkstatt und Kirche wurde ausgemustert, dass es eine helle Freude war. Zumindest für den Sammler Bauch. So finden sich im Himmelkeller zahllose (wein)bäuerliche Gegenstände und altes Handwerkszeug, übrigens ganz bewusst nicht beschildert. »Weil jedes Ding seine Geschichte hat, die es zu erzählen gilt und über die man auch diskutieren kann. Es soll dies auch ein Museum der Kommunikation sein. Sprich: Reden wir miteinander!«, so der Hausherr Hannes Bauch und erzählt – über die 300 Jahre alte Barockweinpresse aus der Stiftsweinkellerei der »Schotten«, den Beichtstuhl des Andreas-Hofer-Mitstreiters Haspinger, die unterirdische Kapelle, das oberirdische »Radhaus« und über die eingearbeiteten Werke seines Vaters sowieso. Das Gesamtkunstwerk ist übrigens für Seminare und Feiern aller Art zu mieten.

Adresse 2123 Kronberg, Waldstraße, www.himmelkeller.at, Tel. 0699/17442265 |
Anfahrt A5 Richtung Brno bis Abfahrt Hochleithen, weiter Richtung Kronberg, dort
zur Waldstraße (Beschilderung folgen) | **Öffnungszeiten** Mai–Okt. ab 13.30 Uhr,
Führungen: So, Mo, Di und Feiertags 15 Uhr und nach Vereinbarung | **Tipp** Im nahen
Schloss Wolkersdorf ist das »forumschlosswolkersdorf« vielseitiger Kulturnahversorger
mit abwechslungsreichem Programm (www.forumwolkersdorf.at).

50 Das Aquädukt
Kreuz und quer durch die Betten

Mendel hat es mit Erbsen getan, Zweigelt mit Rebsorten, und in Laa an der Thaya wollte man es mit Gewässern versuchen – das Kreuzen. Denn auch bei Flüssen kann es manchmal drunter und drüber gehen, aber das macht nichts, das hat schon seine Richtigkeit und vor allem einen Sinn. Denn hier, etwas außerhalb von Laa, sollte einerseits die früher stark mäandernde Pulkau begradigt werden, andrerseits wollte man den Thayamühlbach fassen, um die großen Überschwemmungen zu entschärfen.

So entstand beim Bio-Gutshof Blaustauden, der im 17. Jahrhundert übrigens im Besitz des Malteser Ritterordens war, ein Industriedenkmal der besonderen Art. Ein Aquädukt, also eine Brücke für das Wasser – in diesem Fall nicht nur für, sondern auch über das Wasser. Im Volksmund nennt man das Konstrukt »Eisernes Bett«, und als Draufgabe findet sich ganz in der Nähe noch das »Steinerne Bett«, ebenfalls eine Kreuzung zweier Gewässer. Beim erstgenannten treffen Pulkau und Thayamühlbach aufeinander, die tiefer gelegene Pulkau wird von einer Eisenkonstruktion aus dem Jahr 1830 überspannt, in welcher der Mühlbach fließt.

Dieser kommt von der Renaissancemühle in Slup und plätschert wenig später im »Steinernen Bett« über den sogenannten Pfaffengraben (ein noch kleineres Bächlein). Dieses Aquädukt aus Stahlbeton stammt ebenfalls aus dem 19. Jahrhundert. Es ersetzte den ehemals steinernen Vorgänger, nachdem dieser mit der Zeit baufällig geworden war.

Der Thayamühlbach zweigt in Krhovice, zu Deutsch Gurwitz, von der Thaya ab, um nach gut 32 Kilometern wieder in die selbige zu münden. Auf der Strecke dazwischen ist er recht emsig. Während er früher Dutzende Mühlen an seinen Ufern angetrieben hat, stehen heutzutage etliche Kleinkraftwerke entlang seines Laufes, der ihn auch die Stadt Laa durchqueren lässt (die also nicht nur »an der Thaya« liegt).

Adresse 2136 Laa an der Thaya, Blaustaudenhof, rund 4 Kilometer westlich der Stadt, Koordinaten 48.730978, 16.339538 | **Anfahrt** A22, S3 bis Hollabrunn, B40 nach Kleinstetteldorf, Großharras, Zwingendorf, auf B45 nach Wulzeshofen, dort Richtung Grenze, nach Überquerung der Pulkau Feldweg gleich rechts, bis Schranken, wieder die Pulkau queren und links dem Fluss folgen | **Tipp** Pass mitnehmen und die über die Grenze gelegene Renaissancemühle von Slup mit vier Mühlrädern ansehen. Achtung, montags geschlossen!

51 Die russisch-orthodoxe Kirche

Das Denkmal für den gefallenen Großvater

April 1945, die Rotarmisten rücken von Osten kommend in Österreich ein. Das Rasseln der Panzerketten ist schon in der Umgebung von Laa zu hören, die deutsche Wehrmacht stellt sich, ebenfalls mit Panzern, dagegen, eine kleine Schlacht ist die Folge, ungefähr 100 sowjetische Soldaten kommen dabei ums Leben. Einer davon war der Großvater des Oligarchen Oleg Deripaska.

Möglicherweise war das nahe Verhältnis des Unternehmers zu Präsident Putin hilfreich, um mit Hilfe alter Militärakten den Verbleib von Großväterchen zu eruieren, jedenfalls besuchte Deripaska 2006 den russischen Soldatenfriedhof in Laa. Dort trank er am Grab nach russischer Sitte ein halbes Glas Wodka, ließ die andere Hälfte für seinen Großvater zurück und entschwand wieder. Aber bald darauf erwarb er ein an den Friedhof angrenzendes Grundstück, um hier eine Gedenkkapelle für seinen Großvater zu errichten. Weil es aber nicht einfach irgendein Kapellchen sein sollte, wurde auf dem, ebenfalls mit Deripaskas Mitteln, renovierten Friedhof eine exakte Nachbildung der Mariä-Schutz-und-Fürbitte-Kirche an der Nerl (wegen seiner harmonischen Proportionen ein UNESCO-Welterbe) konstruiert. Allerdings wurde der Maßstab ein wenig verändert, man baute die Kapelle nur halb so groß wie das Original, auch aus Rücksicht auf die vis-à-vis stehende katholische Kapelle, man wollte jene nicht an Höhe übertrumpfen.

Nach der Baubewilligung wurde es erst mal ruhig um das Bauvorhaben, möglich, dass die Wirtschaftskrise bremste, aber 2014 brachten 70 Sattelschlepper 1.700 Paletten mit teilweise vorgefertigten Marmorblöcken, um das Werk zu vollenden. Die wunderschöne russisch-orthodoxe Kirche konnte im Oktober 2018 geweiht werden. Somit ist der russische Soldatenfriedhof in Laa an der Thaya wohl der schönste der über 200 derartigen Gedenkstätten in Österreich.

Adresse 2136 Laa an der Thaya, Ruhhofstraße 95 | **Anfahrt** A22, Korneuburg Ost, nach Hauptplatz rechts auf B6, bis Hanftal, dann auf B45 ins Zentrum von Laa, Hauptplatz Richtung Grenze, bis Neustift, dann Ruhhofstraße | **Tipp** In der Bürgerspitalgasse gibt es ein Kutschenmuseum (April–Okt. Sa, So und Feiertage 14–18 Uhr).

52___Der Marchfeldkanal

Wasser für die Kornkammer Österreichs

Kanal klingt in einer Binnengegend wie dem Weinviertel schnell abwertend, aber bei dem in Langenzersdorf beginnenden Marchfeldkanal zeigt sich bald nach dem Einlauf, an dem er Donauwasser aufnimmt, wie natürlich ein geplanter und von Menschenhand gegrabener Wasserlauf aussehen kann.

Ein kurzes Stück führt er durch die Bundeshauptstadt, wo man einen alten Donauarm, nämlich die »Schwarze Lacke«, wieder mit Wasser füllte und in das neue Gewässer integrierte, dann strebt er zügig dem Marchfeld zu. Vorzugsweise erkundet man den bald an Zwiebel-, Karotten- und Kukuruzfeldern vorbeiführenden Versorgungskanal mit dem Rad. Immerhin gilt es, 18,5 Kilometer zurückzulegen, bis man in Deutsch-Wagram den Rußbach sieht, in den der Kanal mündet. Wer dann noch weiterfährt, taucht bald in eine Gegend ein, in der bedeutende Schlachten der Napoleonischen Kriege geschlagen wurden. Sollte man ins Schwitzen geraten – von einem Bad ist abzuraten, die Strömung und das Gesetz sind dagegen. Fischen und Bootstouren sind aber kein Problem, und wer unbedingt schwimmen mag, den lädt bei Kilometer 12,5 der Gerasdorfer Badeteich dazu ein.

Das für das Marchfeld wichtige, 1985 begonnene Bewässerungssystem hat eine Gesamtlänge von fast 100 Kilometern und setzt sich aus dem 18,5 Kilometer langen Marchfeldkanal, dem Rußbach, dem Obersiebenbrunner Kanal und dem Stempfenbach zusammen und mündet schlussendlich auf Höhe von Hainburg wieder in die Donau. Eine reichhaltige Pflanzen- und Tierwelt hat sich hier angesiedelt, ob Biber, Schwan oder Reiher, sie alle treffen sich hier, am neu geschaffenen Gewässer. Und am Kanalufer stehen wie Elefanten, die ihre Rüssel zum Trinken ins Wasser gelegt haben, die Bewässerungspumpen. Sie erinnern an den eigentlichen Sinn dieser Anlage – die Bewässerung des Marchfeldes. Es ist ein besonderes Erlebnis, am Kanal entlangzufahren oder zu wandern.

Adresse 2103 Langenzersdorf, Barwichgasse, www.marchfeldkanal.at | **Anfahrt** A22, Ausfahrt Strebersdorf, ins Zentrum von Langenzersdorf, bei Gemeindeamt links, Klosterneuburger Straße, am Ende links, Praunstraße, dann rechts in die Barwichgasse (ist gleichzeitig der Beginn der Donauinsel) | **Tipp** Wenn schon radeln, dann auch am Erlebnisradweg »Dampfross und Drahtesel«. Er beginnt beim ehemaligen Lokalbahnhof Stammersdorf und führt bis Deutsch-Wagram.

53__Der Stein im Aul

Es wurde aber auch Zeit

Die sogenannte Inflationstheorie besagt, dass in Billionsteln von Bruchteilen der ersten Sekunde unseres Universums fast alles entstand. Es wurde Schwerkraft, es wurden die Elemente, es wurde aber auch – Zeit.

Dann dauerte es etwas länger, aber nach ein paar Milliarden Jahren erkannten die klügsten Köpfe auf einem kleinen blauen Planeten einen Rhythmus im Kreislauf der Natur. Und sie erkannten auch, dass sich Gestirne gut als Orientierungshilfen eignen. Damit deren Lauf aber nachvollzogen werden konnte, brauchte man auf der Erde etwas Fixes. »Steine wären vielleicht ganz gut«, meinte man, und das war die Geburt der Kalendersteine. Von nun an ließ sich voraussagen, ab wann das Anlegen von Wintervorräten von Vorteil wäre, wann die Aussaat beginnen konnte oder wann das nächste Zicklein geopfert werden musste.

Apropos Opfer: Damit das Ganze auch in würdigem Rahmen stattfinden konnte, waren Kultstätten überaus beliebt. In Leodagger erwartet die Besucher sogar eine Multikulti-Stätte. Erster und wichtigster Kult: Fortpflanzung, sprich Fruchtbarkeit. Zu diesem Zweck hat die Natur einen Rutschstein in die Felsformation eingebaut. Frauen mit unerfülltem Kinderwunsch pflegten über diesen zu rutschen, um durch seine Kräfte ihre Fruchtbarkeit zu erwecken. Zweiter Kult: Zeitmessung. Zwischen einem vorgelagerten Menhir und dem eigentlichen »Stein im Aul«, wie der Kalenderstein ursprünglich hieß, gibt es einen Spalt, durch den bei Tag- und Nachtgleiche die Sonne scheint. Dritter Kult: Verbindung zum Himmel. Die Anordnung der Näpfchen an einer Stelle konnte als Kalender verwendet werden, die Näpfchen ein Stück weiter wirkten wie ein Abbild der Plejaden.

Da »Aul« auf das keltische Wort für Fluss zurückgeht, könnte sich der Felsen in einem solchen befunden haben. Dann wäre der Rutschstein eine bronzezeitliche Wasserrutsche gewesen – und das Fruchtbarkeitsritual gleich noch lustiger.

Adresse 3741 Leodagger, östlicher Ortsrand, Koordinaten 48.72025, 15.86005 | **Anfahrt** A22 und S3 bis Hollabrunn, dann über Röschitz nach Pulkau, dort L41 bis Abzweigung Leodagger, dann L1056 | **Tipp** Die Burg Hardegg im gleichnamigen, kleinsten Städtchen Österreichs (2019 stolze 79 Einwohner) ist ein Muss.

54 Die alte Kuh

Der kraftvolle Grenzstein am Libellenteich

60.000 Boviseinheiten sind kein »Lercherlschas«, bitte. Diese starke Energie geht von drei aus je sechs Steinen bestehenden Kraftringen aus. Vielleicht war es diese Energie, welche die Verantwortlichen der Firma Hengl, auf deren Gelände der Kraftplatz liegt, dazu brachte, einen Teich für die bedrohten Libellen zu schaffen. Vielleicht war es dieselbe Energie, die hier, an der Grenze zwischen Wein- und Waldviertel, folgende Begebenheit möglich machte:

Es war einmal ein altes Weiblein, das hatte nichts als ein paar Lumpen am Leib und eine Kuh, die ihr Gesellschaft leistete und auch ein wenig Milch gab. Stets führte die Alte das brave Tier an einem Strick hinter sich her und ließ es nur am Wegrand grasen. So lebten sie beide von karger Kost, und das hätte noch lange so weitergehen können, wenn nicht die Frau einmal ein wenig eingenickt wäre. Da entglitt ihr der Strick, die Kuh ward magisch angezogen vom nächsten Getreidefeld, marschierte mitten hinein und füllte sich den Pansen mit den köstlichen Halmen. Gleich lief der Bauer herbei und hob ein großes Gezeter an, wollte die Alte vor Gericht bringen und forderte als Wiedergutmachung die ganze Kuh von der armen Frau.

Die weinte bitterlich und bat um Gnade, war doch die Kuh ihr einzig Hab und Gut. Doch der Bauer ließ sich nicht erweichen, packte den Strick und wollte mit der Kuh von dannen ziehen. Da geschah es, dass das Tier plötzlich zu sprechen anhob. »Mit dem grauslichen Bauern geh ich nirgends hin. Da mag ich lieber zu Stein werden.« Sprach's, legte sich hin und ward fortan ein gewaltiger Stein.

Das Naturschutzprojekt »Libellenteich« ist ein voller Erfolg, das Biotop beherbergt mittlerweile auch andere selten gewordene Tier- und Pflanzenarten. Und die Kraftringe bei der alten Kuh strahlen weiter ihre Lebens- beziehungsweise feinstoffliche Energie aus, die übrigens in Boviseinheiten gemessen wird. 60.000 sind kein …

Adresse 3721 Limberg, außer Ort, Koordinaten 48.603904, 15.840592 | **Anfahrt**
E49/B4 bis Maissau, abbiegen auf L50 nach Limberg, zwischen Limberg und Straning
links abbiegen, über die Bahn, bei Gabelung links halten (nach circa 4 Kilometern beginnt
Schotterstraße), zum Parkplatz der Anlage | **Tipp** Nach der vielen Energieaufnahme ist
ein Spaziergang im Lavendelschaugarten in Unterdürnbach eine nette Abwechslung
(www.lavendeldorf.at).

55 Die Hanselburg
Eine Jausenstation zum Namenstag

Kleine Geschenke erhalten die Freundschaft. Oder auch die Beziehung. Manchmal dürfen sie auch etwas größer sein. Wer freut sich nicht über einen neuen Wagen oder ein neues Haus? Aber wer wirklich Stil hat, schenkt etwas Altes. Und wenn nichts Altes da ist, lässt man das Alte eben neu bauen.

So geschehen im Jahr 1800. Die charmante Gattin des Fürsten Johann Liechtenstein schenkte ihrem Gemahl damals zum Namenstag eine Ruine. Frisch gebaut auf den kümmerlichen Überresten einer ehemaligen Hausberganlage. Sorgfältig geplant (ja, auch Ruinen wollen geplant sein) vom Hofarchitekten Joseph Hardtmuth, dem späteren Gründer der gleichnamigen Bleistiftfabrik. Dieser arbeitete öfter für die adelige Familie, denn im späten 18. und im frühen 19. Jahrhundert waren Ruinen eine romantische Modeerscheinung. Und so entstanden zum Beispiel noch der »Schwarze Turm« in Mödling und die Johannesburg in Eisgrub (Lednice, Südmähren). Eingebunden in einen großen Landschaftsgarten, diente das romantische Gebäude als eine Art Jausenstation und Jagdpavillon für die im Schloss Loosdorf residierenden Liechtensteiner. Schließlich macht die Jagd hungrig, und wenn die Herrschaft unterwegs war, um die Natur zu spüren, wollte sie mit Stil rasten.

Außer der Hanselburg (weinviertlerisch liebevoll zu »Hansl« abgekürzt) hat sich nicht mehr viel erhalten von der ehemaligen gartenarchitektonischen Pracht, nur ein Obelisk steht noch im längst zum Wald mutierten Park. Die Holzeinbauten und Malereien der einst sogar als bewohnbar bezeichneten Ruine sind längst verschwunden, wenige Reste der Malereien kann man noch an den Wänden und in den Fensterlaibungen erkennen.

Dennoch, ein Picknick, als romantische Jause, lässt sich hier hervorragend einnehmen. Zum Beispiel am Namenstag eines lieben Menschen. Sie müssen ja nicht gleich eine ganze Ruine dazu schenken.

Adresse 2133 Loosdorf, Koordinaten 48.645411, 16.461288 | **Anfahrt** A5 bis Schrick,
B46 Richtung Mistelbach Kreuzung nach Frättingsdorf, links auf L3083, dann L3082
Richtung Loosdorf, vor Loosdorf, noch im Wald, beginnt rechts der Aufstieg über den
Hanselburgsteig (eingeschränkte Parkmöglichkeit) | **Tipp** Von der Kirche von Fallbach aus,
ebenfalls auf einer ehemaligen Hausberganlage gelegen, hat man einen wunderschönen
Panoramablick.

56 Der Ausstellungskeller

Im Keller der lächelnden Frauen

Das sogenannte Hintaus, also die dem Ortskern oder der Hauptstraße abgewandte Seite von Häusern oder Bauernhöfen, ist meist deutlich weniger attraktiv als die Vorderseite. Nicht so in Mailberg, wo man im Hintaus der Holzgasse plötzlich vor einem Gesamtkunstwerk im öffentlichen Raum steht. Ein Presshaus, im Dachbereich um einen verandaartigen Aufbau erweitert, daneben der überdachte Eingang einer weiteren Kellerröhre, diverse Bodenplatten, Sockel und Stufen in der Lösswand bilden die perfekte Bühne für eine Gruppe teils lebensgroßer Figuren der Keramik-Bildhauerin Barbara Michl.

Die geborene Steirerin studierte in Graz (bei Annemarie Losert) und Wien (bei Maria Biljan-Bilger) und ist seit 1983 freischaffende Künstlerin. Nach zahlreichen Ausstellungen im In- und Ausland wurde sie 2000 ins Wiener Künstlerhaus aufgenommen. Nach langjährigem Aufenthalt in Bayern übersiedelte sie in den 90er Jahren zurück nach Wien und erwarb schließlich zur Jahrtausendwende einen alten Streckhof in Mailberg. Hier lebt und arbeitet sie, und hier erwarb sie hinter ihrem Grundstück auch den Weinkeller, der mittlerweile ihre Dauerausstellung beherbergt und im Ensemble mit der danebenliegenden »Kapelle« selbst zum Kunstwerk wurde. Während in Presshaus und linker Röhre die weltlichen Figuren der Künstlerin vorherrschen, sind in der rechten Röhre, Krypta genannt, die spirituellen Arbeiten ausgestellt. Interessanterweise kommt es Besuchern in diesem Bereich immer etwas wärmer vor. Aber Wärme, Leben und Freude strahlen alle Werke Barbara Michls aus. Charakteristisch für ihr Schaffen sind sinnliche, lebensbejahende Frauenfiguren, um deren Mund stets ein feines, wissendes Lächeln spielt. Aber auch sich umarmende Paare, Kinder, Tier- und Engelsfiguren bevölkern Keller und Vorplatz, um über die Dächer von Mailberg hinaus ins Land zu schauen und Tag und Leben zu begrüßen.

Adresse 2024 Mailberg, Hintaus von Holzgasse 67, www.barbaramichl.at,
Tel. 06991/9978505, Koordinaten 48.6734, 16.17848 | **Anfahrt** von Laa/Thaya über
die B45 Richtung Haugsdorf, abbiegen auf L20 Richtung Mailberg, Ortszentrum
Richtung Wullersdorf | **Öffnungszeiten** Außeninstallation frei zugänglich, Führung
Ausstellungskeller und Krypta nach Vereinbarung | **Tipp** In der »Genusswirtschaft« in
Mailberg isst man hervorragend.

57__Die Radlerrast

Auf den Spuren des sanften Dorfpolizisten

Im Weinviertel lässt es sich bekanntlich wunderbar wandern und radeln, das wissen auch Gesetzeshüter nur zu gut. Was den Engländern Sherlock Holmes und den Franzosen Jules Maigret, das ist den Österreichern Simon Polt. Der nachdenkliche, sanfte Dorfpolizist radelt über die ebenso sanften Weinviertler Hügel, kehrt dazwischen in diversen Presshäusern ein und fängt auf angenehm unspektakuläre Weise Mörder. Die erfolgreichen Filme brachten die Region einem großen Publikum näher.

Dementsprechend groß ist die Neugier, wo sich denn nun der Keller mit der Leiche, das Wirtshaus mit dem Säufer oder der Dorfgreißler mit der »Bissgure« tatsächlich befindet. Die Jagd nach den aus den Filmen bekannten Fassaden, Kellergassen und Plätzen war bald eröffnet.

Die vielleicht schönste (und gesündeste) Art, sich auf die Suche nach Spuren von Simon Polt zu begeben, ist mittels Drahtesel. Damit das auch mit System geschieht, wurde der Polt-Radwanderweg angelegt. Über 58 Kilometer lang lassen sich einzelne Drehorte anfahren und nebenbei das Land erkunden. Genauer gesagt, das Pulkautal, das in etwa dem fiktiven Wiesbachtal aus den Filmen entspricht. Entlang der Strecke finden sich unter anderem die Weinkirche in Jetzelsdorf, die lange Kellergasse von Hadres und das Malteserschloss Mailberg. Wer jetzt ein wenig müde und durstig ist, dem kommt die »Radlerrast« in der Rosenpoint-Kellergasse gerade recht.

Von April bis Oktober findet man hier eine offene (Keller-)Tür, dahinter einen gut gefüllten Kühlschrank, Wasserleitung, WC und – eine Auswahl vorzüglicher Flaschenweine. Bei Regen im Presshaus, bei Schönwetter auf dem Plätzchen davor, lässt es sich wunderbar rasten. Mittels Preisliste und Kassa bezahlt man dann seine Zeche in der unbemannten Station, die praktisch immer geöffnet ist. Schließlich sind Radler im Sommer oft frühmorgens oder spätabends unterwegs, wenn es noch nicht so warm ist.

Adresse 2024 Mailberg, Kellergasse Rosenpoint, Koordinaten 48.67503, 16.17171 |
Anfahrt von Laa/Thaya über die B45 Richtung Haugsdorf, abbiegen auf L20 nach
Mailberg, dort Holzgasse L1010 bis Rosenpoint | **Öffnungszeiten** April–Okt. täglich
24 Stunden | **Tipp** Das mitten im Ort gelegene Schloss Mailberg ist der älteste Besitz
des Malteser-Ritterordens weltweit.

58 Die Rochuskapelle

Wutzelburg über Ottokars Schatz am Kellerberg

Weithin sichtbar ist sie, die dem heiligen Rochus, dem Schutzpatron der Pestkranken, geweihte Kapelle. Errichtet wurde sie in den Jahren 1637 bis 1647 vom Freiherrn von Teuffenbach und zwar, weil er eine rechte Freude hatte, dass er und seine Soldaten weitgehend vom Schwarzen Tod, wie man die Pest damals nannte, verschont geblieben waren. Ein feiner Zug vom Teuffenbacher.

Will man auf Darstellungen den Pestpatron erkennen, muss man auf seine Attribute achten, er wird mit einem brotbringenden Hund und einem entblößten Oberschenkel mit Pestbeule dargestellt. Rochus ist ein Patron, der nie von der Kirche heiliggesprochen wurde, deshalb nur als Volksheiliger gilt und trotzdem eine hohe Verehrung erfuhr und immer noch erfährt. Wer das schöne Kirchlein entworfen hat, das sein Vorbild im italienischen Orta, am Heiligen Berg fand, ist leider unbekannt, man weiß jedoch, dass die Ringmauer erst später dazukam. Durch ihr Vorbild geprägt, besitzt sie Stilelemente der italienischen Renaissance und wird doch immer wieder als frühbarock bezeichnet. Wegen seiner runden Form hieß das Bauwerk im Volksmund bald »die Wutzelburg« (von »gewutzelt« – gerollt). Die Kapelle liegt in einem mehr als 25.000 Jahre alten Siedlungsgebiet, Spuren einer umwallten Siedlung wurden auf 2000 vor Christus datiert.

Natürlich ranken sich um solch alten Boden auch viele Sagen, wie die vom Schatz des Ottokar von Böhmen. Dieser kämpfte hier gegen Rudolf von Habsburg, verlor dabei leider sein Leben und bei der Gelegenheit auch gleich seinen Schatz, der aus seiner goldenen Krone, einem Streitwagen und einem Schwert bestand. All dieses soll am Kellerberg, unter der Rochuskapelle verborgen liegen (Ottokars Leben vielleicht ausgenommen).

So sitzt man wenig später bei einem der guten Heurigen am Kellerberg, lässt sich Sagen erzählen und sinniert über Glauben, Schätze und Gesundheit.

Adresse 2261 Mannersdorf an der March, Rochusberg, Koordinaten 48.4018, 16.84145 |
Anfahrt B 8 nach Deutsch-Wagram, Gänserndorf, Angern an der March, Mannersdorf,
kurz vor Ortsende links zum Kellerberg, bis zur Wutzelburg | **Tipp** Im Nachbarort Stillfried
lohnt sich ein Besuch im »Zentrum der Urzeit«. Das Museum zeigt unter anderem auch
einen Schnitt durch den Wall und die ältesten kultivierten Weintraubenkerne Österreichs
(9. Jahrhundert vor Christus).

59__Die Hunderennbahn
Lauf, Hase, lauf!

Hört man den Platzsprecher die folgenden Rennen ansagen, meint man, die Hocharistokratie würde hier um Ränge wetteifern. Kein Wunder bei Namen wie »Gesa von Trebatal« oder »Manioc de la vie Pastorale«, dabei sehen wir hier Hunden beim spielerischen Wettlauf zu.

Apropos, das Wetten bei Hunderennen ist in Österreich verboten, die Läufe dienen den Tieren einfach als Möglichkeit, ihren Jagdinstinkt auszuleben, und ihren Besitzern, um Gleichgesinnte zu treffen und ein wenig zu fachsimpeln. Die freudige Aufgeregtheit der Tiere zeigt sich erst kurz vor einem Rennen, bis dahin wird gespielt und geschnüffelt. Von den nur vier Bahnen, die es in Österreich gibt, liegen immerhin zwei im Weinviertel – hier sind die Hunde eben sportlich. Vor Beginn der Rennen wird jeder Hund in familiärer Atmosphäre tierärztlich unter die Lupe genommen, und bei manchen werden eventuell noch geschwind die Krallen gepflegt. Apropos Pflege, man pflegt hier keine Standesdünkel, es laufen nicht nur Windhunde wie Windspiel, Whippet oder Greyhound, auch alle anderen Rassen sind herzlich willkommen. Hat man Fragen zum Geschehen, bekommt man kompetente Antworten. Wie in allen seriösen Sportarten ist Doping natürlich streng verboten, dafür sorgen ausgeloste Stichproben nach den großen Rennen. Hunde, die beispielsweise Schokolade oder zufällig Kaffeesud genascht haben, dürfen also nicht an den Start. Übrigens wird, anders als bei Sololäufen, beim sogenannten Feldlauf aus einer Startbox losgelaufen. Und dann beginnt die wilde Jagd auf den als »Hasen« bezeichneten Stoffbeutel, der mit auf die jeweilige Hunderasse abgestimmter Geschwindigkeit seine Runden zieht.

Ist die halbe oder ganze Runde abgelaufen, sieht man glückliche Hunde und auch manches Glückssternchen in den Augen der Besitzer, von denen nicht wenige aus den angrenzenden Ländern den Weg hierher gefunden haben.

Adresse 2294 Marchegg, Schloßhoferstraße 23b, www.arh-marchegg.at | **Anfahrt** S1 über Deutsch-Wagram nach Marchegg, dort links halten auf Schloßhoferstraße, nach Ortsende auf rechter Seite | **Tipp** In der Nähe liegt die neue »Fahrradbrücke der Freiheit«, die ins Nachbarland führt.

60__ Die Storchennester
Wo Meister Adebar Urlaub macht

Störche sind anscheinend Feinspitze, denn wenn sie Urlaub von Afrika machen, kommen sie unter anderem nach Österreich, ins Weinviertel, welches ja als Genussregion bekannt ist. Hier bieten die Marchauen einen reich gedeckten Tisch, der Adebar samt Nachwuchs versorgt. Das Storchenhaus und die nahe gelegene Kolonie laden zum Entdecken ein und bringen einem die sympathischen Vögel noch näher.

Einzigartig ist auf jeden Fall, dass hier circa 100 Störche Jahr für Jahr auf alten, abgestorbenen Eichen ihr Höhenlager beziehen, um zu brüten. Natürlich wird in dieser Zeit auch ständig am Nest »herumgenestelt«, ausgebessert und zugestopft, sodass der Horst bis zu 1.250 Kilo schwer werden kann. Da fällt es dann gar nicht mehr ins Gewicht, wenn kleinere Vögel das Nest als Unterschlupf nutzen und ihrerseits im Horst nisten. Als Gäste auf vorbereiteten Campingplätzen sozusagen. Erst einmal haben es die Störche mit der Gastfreundschaft übertrieben und eine illegale Überbelegung ihres Horstes zugelassen – prompt konnte ein Baum dieser Last nicht mehr standhalten und ist zusammengebrochen. Ansonsten bleibt es ruhig in Marchegg. Wo in anderen Gegenden bereits Plastik als Nistmaterial Verwendung findet, kommt es hier höchstens einmal vor, dass Angestellte des Schlosses ihre nach einer Pause vermissten Arbeitshandschuhe später bei einer Nestüberprüfung wiederfinden.

Weit hört man das Geklappere, es ist die einzige Möglichkeit der Verständigung, da Störche keine Stimmbänder besitzen, sonst würden sie vermutlich trällern wie die Nachtigallen – nur zwei Oktaven tiefer.

Das Gras der umliegenden Au wird durch Beweidung mit Konikpferden bewusst kurz gehalten, um den schwarz-weißen Gesellen die Futtersuche zu erleichtern – zum Schrecken von Maus, Frosch, Schlange und sonstigem Getier, welches der Gourmet Adebar mit Leidenschaft verzehrt.

Adresse 2293 Marchegg, Im Schloß 1 | **Anfahrt** S1 nach Deutsch-Wagram, L6 über Markgrafneusiedl nach Obersiebenbrunn, L2 Richtung Schönfeld, im Marchfeld weiter nach Marchegg, links Richtung Schloss | **Tipp** Besuchen Sie das Naturschutzgebiet Sandberge Oberweiden mit in der Eiszeit entstandenen Dünen, die von in Österreich äußerst seltenem Sandsteppenrasen bedeckt sind (Zufahrt über Straße Oberweiden nach Schönfeld, eingeschränkte Parkmöglichkeit).

61 Der Universalbau

Das Stehaufmännchen unter den Türmen

Der Wagram war schon immer für seine Aussicht berühmt, und so ist es nicht verwunderlich, dass es da und dort noch Reste alter Ausgucke und Wachtürme gibt.

Einer, der mehr als vielfältig zum Einsatz kam, ist der Turm von Markgrafneusiedl. Im 13. Jahrhundert errichtet, um sich gegen die Gefahren aus dem Osten zu schützen, wurde er bald Teil einer Verteidigungsanlage. Schließlich erhielt das Gebäude den Status einer Wehrkirche, in welche sich die Bevölkerung flüchten konnte. 1368 ist bereits die Rede von einer »Feste« samt Kapelle, die dem heiligen Martin geweiht ist. Im 16. Jahrhundert wird diese sogar als Wallfahrtskirche bezeichnet, um Mitte des 17. Jahrhunderts aber, als in der ganzen Region die Schwedengefahr groß war, wieder als Zuflucht zu dienen. Allerdings wurde die Kirchenburg von den Schweden eingenommen und der Lehensträger erschlagen. Am 15. Juni 1783 wird in der Martinskirche die letzte Messe abgehalten, da dem Bauwerk ein »unanständiger Zustand« bescheinigt wird.

Unanständigkeit hat aber wackere Soldaten noch nie abgehalten, also diente der Bau 1809 bei der Schlacht am Wagram als österreichischer Kommandositz. Gewonnen haben allerdings die Truppen des kleinen Franzosen mit der Hand in der Weste. Anfang des 19. Jahrhunderts kaufte ein gewisser Hr. Danninger, seines Zeichens Müller und Erfinder, die Ruine und setzte einen Rundturm auf die alten Mauern – fertig war die Windmühle.

Leider wurde sie während eines anhaltenden Sturms im Jahre 1862 ein Raub der Flammen. Erneut wechselte der Besitzer. Als Nächstes fand die »Deutsche Ansiedelungsgesellschaft Berlin« Gefallen am Turm und bestückte ihn mit einem Flugfeuer, das den südlichsten Punkt des Wehrmachtsflughafens Strasshof kennzeichnete. Mittlerweile ist das Gebäude in Privatbesitz, steht unter Denkmalschutz und wurde so weit saniert, dass der Fortbestand gesichert ist.

Adresse 2282 Markgrafneusiedl, Napoleongasse 2 | **Anfahrt** S1 nach Deutsch-Wagram, rechts auf L6 nach Markgrafneusiedl, Ortsmitte links, Gänserndorferstraße, links Anton-Sykora-Straße parken | **Tipp** Das zum berühmten Gut Aiderbichl gehörende Affenrefugium Gänserndorf ist für Tierpaten zu ausgewählten Terminen zu besichtigen (affenrefugium@gut-aiderbichl.com).

62 Die Marchdammkapelle

Jugendstiljuwel und Schutzdammkrönung

Wasser kann Durst löschen, Pflanzen sprießen lassen und Leben retten, aber wenn es in Mengen auftritt, sich nicht an die Regeln hält und nicht brav im Bett bleibt, kann es auch zur Bedrohung werden.

March und Donau zählten lange Zeit zu jenen Flüssen, die gern die Umgebung unter Wasser setzten, und so ließ der kluge Kaiser Franz Josef die Donau regulieren. Da man einmal dabei war, wurde auch gleich das Problem »March« angegangen und selbige mit Dämmen in die Schranken gewiesen, speziell in ihrem Mündungsgebiet in die Donau. So konnte man das Marchfeld doch ein wenig entlasten und vor diversen Hochwässern schützen, was die Bevölkerung sehr begrüßte. Zu Ehren Gottes und des Kaisers wurde alsbald der Bau einer Kapelle beschlossen. Die Planung lag in den Händen eines jungen, aufstrebenden Architektenteams: Max Hegele und August Rehak. Besonders Ersterer ist zu erwähnen, denn obwohl Max Hegele unter anderem so namhafte Bauwerke wie die wunderschöne Kirche des Zentralfriedhofs und die Fillgraderstiege im 6. Wiener Gemeindebezirk entworfen hat, wurde er nie zu den bekannten Jugendstilarchitekten gezählt. Am 10. Juni 1905 war es so weit, unter Beisein seiner Majestät und etlicher anderer Honoratioren wurde der Bau dem heiligen Florian geweiht und dem Volk übergeben. Laut einer Inschrift im Inneren der Kapelle wurden fortan 35 Orte im Marchfeld vor den »Hochfluten« geschützt. Gekostet hatte das Ganze gerade mal 16 Millionen Kronen.

Die Dämme wurden in der folgenden Zeit noch nachgebessert und die Schutzfunktion erhöht. Trotzdem bleibt Wasser unberechenbar, was man 2006 leidvoll in Erfahrung bringen musste, als das letzte große Hochwasser über die Region hereinbrach und verheerende Schäden anrichtete. Mittlerweile wurde die gesamte Dammanlage saniert und verstärkt. Und der heilige Florian hält weiterhin seine schützende Hand übers Marchfeld.

Adresse 2294 Markthof, Markthof 51 | **Anfahrt** über A4 bis Fischamend, Kreisverkehr 1. Ausfahrt B19, vor Hainburg über die Donau auf B49, bis Kreuzung mit L3014, rechts nach Markthof durch Ortschaft bis Damm, die letzten 200 Meter zu Fuß | **Tipp** Lassen Sie sich von Hainburg verzaubern und gehen Sie den Stadtmauerweg (zwei Stunden) oder den Altstadtweg (eine Stunde).

63__Die Statue

Michael, der Jackson von Mistelbach

Vielleicht hat er sich ja hier einmal mit »Dirty Diana« getroffen, sich gedacht »They don't care about us« und zu ihr gesagt: »Beat it«, aber dann hat der »Man in the mirror« die beiden verpfiffen, »Billie Jean« geholt, es kam zum »Thriller« und wurde richtig »Bad«. Anders können wir uns die Verbindung zum Weinviertel nicht erklären, aber da ist er: Geliebt, geschmäht, verehrt, mit Blumen geschmückt steht er da, mitten in Mistelbach, in einem kleinen Park an der Josef Dunkl-Straße. Es ist das erste Denkmal am europäischen Festland für den polarisierenden Musiker. Mittlerweile hat es schon einen gewissen Bekanntheitsgrad und lockt immer wieder Fans in die Weinviertel-metropole.

Initiiert wurde die Errichtung der 210 Zentimeter hohen Statue für den zweimal für den Friedensnobelpreis vorgeschlagenen Para-diesvogel von der aus Bratislava stammenden Künstlerin Martina Kainz. Eine sehr engagierte Fangemeinde zeigte sich ebenso phan-tasievoll wie zielstrebig und startete diverse Aktionen, um das Pro-jekt zu finanzieren. Das drei Quadratmeter große Grundstück, auf dem »Jacko« steht, wurde von der Gemeinde zur Verfügung gestellt, und die Prager Bildhauerin Daniela Kartáková schuf schließlich das Abbild des »King of Pop«. Am 11. Mai 2012 enthüllte die Präsi-dentin des »Vereins zur Förderung des Friedens«, Herta Marga-rete Habsburg-Lothringen, das Denkmal feierlich. Allerdings gab es schon von Anfang an aus verschiedensten Gründen Widerstand gegen das Projekt. Berufsempörer heizten die Diskussion schließlich so weit an, dass es zu Akten von Vandalismus kam und die Beschädi-gungen am Denkmal eine Restaurierung notwendig machten.

Man darf hoffen, dass die schon zu einer kleinen Pilgerstätte gewordene Statue in Zukunft von Unbill und Hader verschont bleibt und nur als populärer Hintergrund für die zweimal im Jahr statt-findenden Spendenaktionen zugunsten Obdachloser oder kranker Kinder dient.

Adresse 2130 Mistelbach, Josef Dunkl-Straße 4–14 | **Anfahrt** A5 Richtung Brünn, Ausfahrt Schrick auf B7, links Richtung Mistelbach, in der Stadt bis Kreuzung vor Hauptplatz, links in Richtung Bahnhof, auf Höhe des Bahnhofes auf linker Seite im Park | **Tipp** Im Schloss Asparn an der Zaya lockt das MAMUZ, das kurzweilige Urzeitmuseum, mit viel Programm.

64 Die Schiefe Marter
Der seltsame Bildstock beim heiligen Stein

»Da brachten sie auch den Herrn Walter Schober, welcher ein tüchtiger Schmied gewesen, bis ihn die Schwindsucht erfasst und er ganz schwach geworden. Sein Weib aber und seine sieben Kinder mussten bittre Not leiden, da der Vater nicht mehr arbeiten konnt. Als alle Baderskunst vergeblich und er gar nicht mehr allein zu gehen im Stande war, führten sie ihn zu dem heiligen Stein im Walde, und er trank aus der Quelle das Wasser, das schon viele Sieche wieder gesund gemacht hat.

Als er getrunken, ward er sogleich geheilt und seine Kraft so groß wie nie zuvor. Da ward er wie trunken und geriet in Übermut. Er packte die Marter, die am Weg stand, hob sie hoch wie ein Stück Holz, drehte sie, sodass das Bildnis Jesu dem Weg abgewandt ward, und rammte sie sodann zurück in die Erde, wo sie ganz schief dastand. Da fuhr ein gewaltiger Blitz hernieder, und der Gottlose fiel tot zu Boden.«

Mit der Schiefen Marter nahe dem »heiligen Stein« bei Mitterretzbach hat es wohl eine andere Bewandtnis als in der Sage. Dass vom jetzigen Weg aus nur die Rückseite des Bildstockes zu sehen ist, deutet auf einen älteren Weg hin, der einst auf der anderen Seite verlief, mit Blick auf die Herz-Jesu-Statue. Die Schieflage hingegen ist vermutlich einer Geländeabsenkung geschuldet. Dass das »Marienwasser« vom »heiligen Stein« eine heilende Wirkung hatte, ist jedoch mehr als Sage. Mitte des 18. Jahrhunderts wurde unmittelbar bei Quelle und Schalenstein die Wallfahrtskirche »Unsere Liebe Frau am Stein« errichtet, und die Pilger kamen in Scharen. Keine 40 Jahre später befahl Joseph II. den Abriss der Kirche. Angeblich wurden ganze Wagenladungen an Krücken abtransportiert, die von den Genesenen hier zurückgelassen worden waren. Solche wundersamen Heilungen waren dem Reformator wohl ein Dorn im Auge. Die magische Aura des prähistorischen Kultplatzes ist aber bis heute zu spüren.

Adresse beim heiligen Stein, außerhalb von 2070 Mitterretzbach, Koordinaten 48,79154, 15,97085 | **Anfahrt** von Mitterretzbach auf der L1027 Richtung Niederfladnitz, circa 1 Kilometer außerhalb vom Ort, Abzweigung rechts, dann Parkplatz, deutliche Beschilderung | **Tipp** In Mitterretzbach, an der Hauptstraße Richtung Retz, liegt ein Altwarenmarkt mit interessanter Auswahl.

65__Wavegarden

Der Steinway im Wellness-Studio

Tonstudios sind meist finstere Katakomben im zweiten Untergeschoß eines Altbaus. Außerdem sind sie klein und eng, was zwar
Heizkosten spart, aber dem Raumklang nicht weiterhilft. Für eine
Punkband kein Problem, für Musiker der Klassik und des Jazz mit
ihren akustischen Instrumenten sehr wohl.

Franz Schaden, der Klanggärtner im Wavegarden, hat den etwas
anderen Ansprüchen solcher Ensembles schon bei Planung und Bau
des Studios Rechnung getragen. Die Bedürfnisse kannte er aus eige-
ner Erfahrung: Nach dem Konzertfach-Studium des Kontrabasses an
der damaligen Hochschule für Musik spielte er in diversen Orchestern
und war mehr als ein Jahrzehnt lang bei den Niederösterreichischen
Tonkünstlern engagiert. Das hieß aber auch wochen- und monate-
lange Tourneen rund um die Welt und ein Leben aus dem Koffer. So
entstand mit der Zeit der Wunsch nach einer neuen, ortsfesten Herausforderung. Mit Aufnahmetechnik und Abmischen hatte er sich
neben seinem Musikerdasein immer schon beschäftigt, nun machte
er die Studioarbeit zum Lebensmittelpunkt.

Der Wavegarden ist ein lichtdurchflutetes Studio mit großem
Raumvolumen, das den Klang akustischer Instrumente optimal zur
Geltung bringt. Für den kreativen Prozess, für die Stimmung der
Beteiligten ist ja das Ambiente von großer Bedeutung. Die Lage
am Ende des Dorfes, der benachbarte Bach, ein Nussbaum vor
der Tür, ringsum Weingärten, all das sorgt dafür, dass sich Musiker hier rundum wohlfühlen und der Energielevel für die Arbeit
entsprechend hoch ist. »Das hört man in den Aufnahmen«, sind
Profis überzeugt. Deshalb kommen die Kunden hier nicht einfach
zwischendurch vorbei, sondern nehmen sich bewusst ein paar Tage
Zeit, um sich in angenehmer Umgebung konzentriert der Arbeit zu
widmen. Aushängeschild und magischer Anziehungspunkt ist der
Steinway-D274-Konzertflügel, der Klassik- und Jazzpianisten glei-
chermaßen begeistert.

Adresse 2070 Mitterretzbach, Rittweg 6, office@wavegarden.at, www.wavegarden.at, Kontakt: Franz Schaden, Tel. 0676/4331055 | **Anfahrt** von Retz die L35 Richtung Mitterretzbach, kurz nach Ortsschild und Brücke links abbiegen, dann immer am rechten Bachufer entlang | **Tipp** Im nahen Retz ist eine Führung durch die verzweigten Kellerröhren immer ein Erlebnis.

66 __ Der Rundofen

Das Industriedenkmal an der Ostbahn

Vor ziemlich genau 100 Jahren hatte er seine Hochblüte. Da lief der Betrieb bereits ein halbes Jahrhundert. Erbaut wurde der Ofen 1870, gleich in der Nähe des Bahnhofes Neubau-Kreuzstetten, an der damals neu eröffneten Laaer Ostbahn. Diese ideale Anbindung garantierte beste Absatzmöglichkeiten für die Millionen Ziegel, die hier jedes Jahr gebrannt wurden.

Mitte des 19. Jahrhunderts vollzog sich ein Wandel in der Bauweise und den verwendeten Materialien beim Hausbau am Land. Statt Dächer mit Stroh und Schilf zu decken, statt Wände aus Holz oder Lehm zu fertigen, wurde die Brandsicherheit der Gebäude durch Ziegelwände und -dächer wesentlich erhöht. Ziegelrohre hielten in der Kanalisation und in den Drainagen zur Entwässerung der Felder Einzug. Nicht zuletzt das ambitionierte Vorhaben der Ringstraße forderte Unmengen an Material. Diesem Umstand Rechnung tragend entstanden immer mehr Ziegelwerke. Beim Ziegelbrand in den herkömmlichen Kammeröfen waren allerdings immer einige Unsicherheitsfaktoren mit im Spiel. Je nach Trocknungsgrad vor dem Brand, Temperatur während des Brandes und Dauer der Abkühlphase entstand jeweils ein etwas anderes Ergebnis als beim Brand davor. Auch die maximal mögliche Produktionsmenge war begrenzt, denn Aufheizen, Brennen und Abkühlen waren langwierige Angelegenheiten.

Der sogenannte Hoffmann'sche Ringofen war eine kleine Revolution in der industriellen Fertigung von Ziegeln. Durch die ringförmig angeordneten Kammern wurde ein ununterbrochener Brand möglich, die Qualität der Produkte blieb gleich, und die Fertigungszahl stieg sprunghaft an. 1920 etwa produzierte man bis zu fünf Millionen Ziegel. Für die rund 200 Beschäftigten wurde eine eigene Arbeitersiedlung gebaut – heute der Kreuzstettner Ortsteil Neubau. 1975 stellte man den Betrieb ein, das Industriedenkmal selbst steht seit 2014 unter Denkmalschutz.

Adresse 2125 Neubau-Kreuzstetten, Werkgasse | **Anfahrt** A5 bis Abfahrt Gaweinstal Mitte, L10 Richtung Atzelsdorf, bei Kreuzung mit L6 links abbiegen nach Neubau, Hauptstraße rechts in die Bahnstraße, nach dem Bahnhof in die Werkgasse | **Tipp** Bewundern Sie bei einem Spaziergang durch den Ort Kreuzstetten die eleganten Gründerzeitvillen.

67 Die Fördertürme

Dallas und Denver im Kleinen

Im Weinviertel wird die Verantwortung geteilt. So ist der gute Lössboden für den vorzüglichen Wein verantwortlich und das Urmeer für das vorzügliche Erdöl, das ein paar Millionen Jahre lang in der Tiefe auf seine Entdeckung wartete.

Die Erkenntnis, dass da unter der Erde etwas sein musste, verdanken wir einem Bauern, der vor über 100 Jahren versucht hat, seinen Hof mit ausströmendem Erdgas zu heizen. Eine gute Idee, aber die unsachgemäße Handhabung von Gas ist nicht ungefährlich! Als er es übertrieb und schließlich Haus und Hof in die Luft flogen, wurde eine Untersuchungskommission eingesetzt, die auch Bohrungen vornahm. Diese stieß alsbald auf Erdöl, am Anfang noch in geringen Tiefen und nicht sehr ergiebig, aber das sollte sich bald ändern. Richtig begonnen hat die Erdölförderung in der Region um 1930 mit der Bohrung Windisch-Baumgarten, die circa 800 Meter in die Erde vordrang. Dann arbeitete man sich stetig weiter nach unten. Die tiefste Bohrung erfolgte im Mai 1983 mit dem Projekt Zi ÜT 2A und stieß bis in eine Tiefe von 8.553 Metern vor. Bei der vorgenommenen Temperaturmessung mit einer Sonde wurden 230 Grad am Endpunkt gemessen.

Die alten Fördertürme bei Neusiedl sind heute Industriedenkmäler und erinnern ein wenig an Texas und den Wilden Westen. Dass es hierzulande aber aktuell immer noch sprudelt, kann man an den vielen »nickenden Pferden« erkennen. Tatsächlich prägen die Förderpumpen in dieser Ecke des Weinviertels das Landschaftsbild – so wie es früher die lebenden Pferde als unverzichtbare Helfer in der Landwirtschaft getan haben. Womit wir schon wieder beim Öl wären, welches jene Maschinen antreibt, die genau diese bäuerlichen Helfer verdrängt haben. Das Ende der Förderung von Erdöl in und um Neusiedl liegt noch weit in der Zukunft. Wir steigen in unser Fahrzeug und verlassen die Gegend, aus der vielleicht unser Treibstoff stammt.

Adresse 2183 Neusiedl an der Zaya, Bahnstraße | **Anfahrt** A5 bis Kettlasbrunn, auf Brünnerstraße B7, B40 bis Maustrenk, abbiegen auf L3041 bis Neusiedl, bei Ortsmitte in Bahnstraße | **Tipp** Vom Hausberg von St. Ulrich aus hat man einen wunderbaren Blick auf die Öltürme. Ebenso einen Besuch wert ist die Schwefelquelle im Sankt Ulrichsgraben.

68__Der Muschelberg

Die Schweiz am Meer und das Hendlfutter

Heidi und den Alm-Öhi wird man vergebens suchen, aber ansonsten ist der Landschaftsgarten schon sehr – ähm – hochalpin. Auch das Meer hat sich vor einiger Zeit verabschiedet, aber was die Badegäste damals so alles liegen ließen … Zum Beispiel einen fossilen Muschelberg aus dem Sarmatium, gut erhalten trotz der 13 Millionen Jahre, die er auf dem Buck… Verzeihung, auf dem Bergrücken hat.

Der Zugang zu dem einzigartigen Ort erfolgt durch eine Tür rechts vom Garten des im Tudorstil erbauten Schlösschen von Nexing, man beachte den Hinweis an der Tür, selbige bitte auch wieder zu schließen. Dann beginnt das Abenteuer. Ein kurzer Anstieg, und bald kommt man zu steinernen Treppen und Durchlässen, deshalb auch »Nexinger Schweiz«, weil das Gelände sooo gebirgig ist. Spätestens jetzt nimmt man die Milliarden von Muscheln wahr, aus denen der »Berg« besteht. Der ganze Garten ist (wie die richtige Schweiz) sehr klein und in weniger als einer Stunde erforscht, aber das Staunen hält an.

Wir sind im ehemaligen Landschaftsgarten des Ritters von Heintel, einem umtriebigen Landwirtschaftsfachmann mit vielen Interessen (Baumschule für Edelobst und Reben, Seidenraupenzucht, Schaf- und Karpfenzucht). 1802 errichtete er den Landschaftsgarten und stellte gleich vier Gärtner für die Pflege ein. Der Muschelberg, der Geologen in aller Welt bekannt ist, diente aber auch praktischen Zwecken: Bis in die 1970er Jahre wurde der dort gewonnene fossile Muschelgrit dem Hendlfutter beigemengt, damit die Eier eine schöne feste Schale bekämen.

In der Zwischenkriegszeit verfiel der Garten zusehends, bis das Areal von der Familie Urani übernommen wurde. Bald waren die Zuchtteiche gefüllt, ein kleines, feines Restaurant geschaffen (Oase am Teich) und der Garten wieder zugänglich gemacht.

Dieses Mal öffentlich, damit die Weinviertler auch einmal in die Schweiz kommen.

Adresse 2224 Nexing, Nexing 32 | **Anfahrt** von A22 bei Korneuburg auf S1, Richtung Knoten Eibesbrunn, A5 bis Schrick, dann Obersulzerstraße L17 auf L3040 bis Nexing, Parkmöglichkeit gegenüber Schloss Nexing | **Öffnungszeiten** April–Okt. Sa, So und Feiertage 9–18 Uhr | **Tipp** Entlang der Fischteiche der Familie Urani lässt es sich wunderbar wandern. Außerdem gibt es entlang der Teichwanderwege auch Angelmöglichkeiten.

69_ Der Galgen

Von Galgenvögeln und ihren bevorzugten Plätzen

Es wird sich ja kaum noch jemand an die Zeit und die Rechtsprechung des 17. Jahrhunderts erinnern – damals war es Sitte, nach entsprechendem Urteil böse Buben am Halse aufzuhängen, und das Instrument zu diesem Zwecke waren die im Land verstreut stehenden Galgen.

Nur noch wenige Fragmente und manche Riedbezeichnung wie »Galgenberg« oder »Goling« sind ein vages Zeugnis dieser drastischen Form der Urteilsvollstreckung. Der Retzer Galgen zwischen Niederfladnitz und Hofern ist ein etwas besser erhaltenes Relikt. Er wurde 1721 im Auftrag des Landgerichts Kaja aus Ziegelsteinen erbaut. Man stellte fünfseitige Säulen im Dreieck auf, an deren oberen Enden Ausnehmungen für die verbindenden Balken waren, das sogenannte »Blutgerüst«. Der dritte Pfeiler fehlt mittlerweile, man erkennt aber noch, wo er stand, bevor ihn einst ein Blitz fällte.

Noch eine kleine Geschichte zum Bau dieser Rechtsmittel: Die Arbeiter, die mit der Errichtung eines Galgens beauftragt wurden, waren in der Gesellschaft nicht sehr angesehen. Um das zu lindern, half angeblich die auftraggebende »Herrschaft« bei den Bauarbeiten mit. Wie sehr dieses wahrscheinlich sehr kurzfristige Engagement tatsächlich half, den Ruf der Arbeiter zu verbessern, sei dahingestellt. Seinerzeit war der Hügel, auf dem der Richtplatz geschaffen wurde, kahl, und so sah man schon von Weitem, wenn eine Gerichtsverhandlung mit dem Marsch zum Galgen endete. Dies diente gleichzeitig als Warnung, man möge ein gutes, gerechtes Leben führen. Heute liegen die beiden Säulen in bewaldetem Gebiet, um sie zu sehen, muss man sich also schon näher wagen. Der Marsch führt entweder über den Windmühlenberg von Retz oder über die Fladnitzer Straße und die Lange Zeile, der kürzeste beginnt allerdings am Weg von Mitterretzbach nach Niederfladnitz. Keine Angst – Ihr Gang zum Galgen wird nicht Ihr letzter sein.

Adresse 2081 Niederfladnitz, außer Ort, Koordinaten 48.793278, 15.933180 | **Anfahrt** A22, dann S3 über Hollabrunn, Guntersdorf, Watzelsdorf und Retz, weiter nach Mitterretzbach, Richtung Niederfladnitz durch den Wald, bis nach scharfer Rechtskurve links ein Holzpavillon auftaucht; parken und Feldweg bis Waldanfang, links halten (Schild), dem Waldweg folgen, bei großer Waldwegkreuzung grün-weiße Markierung rechts, dieser 50 Meter folgen (Gehzeit circa 30 Minuten) | **Tipp** Wer es mit Galgen im Weinviertel hat: Es gibt noch Reste in Großkrut und in Oberstinkenbrunn.

70___Die Orgel
Rotwein von Lotte und Katharinas alte Pfeifen

Die Schriftstellerin Lotte Ingrisch erzählte, dass sie zu ihrem Gatten im Jenseits intensiven Kontakt pflege. Weil er zu Lebzeiten ein gutes Glas Wein zu schätzen wusste, kredenze sie ihm selbiges auch nach seinem Tod regelmäßig. Eine schöne Geste. Ihr Mann hieß übrigens Gottfried von Einem und war Komponist. Sein Werk »Jesu Hochzeit«, zu dem Ingrisch das Libretto schrieb, sorgte bei der Uraufführung 1980 für einen Theaterskandal. Das Ehepaar wurde der Blasphemie bezichtigt, und somit war für ausreichend Publicity gesorgt.

Bei seiner eigentlichen Arbeit hatte es der Komponist gern ein wenig ruhiger. Als besonders ruhig empfand er die alte Schule von Oberdürnbach, auf einem kleinen Hügel direkt neben der Kirche »Zur Heiligen Katharina« gelegen. Diese Kirche wiederum war ursprünglich eine gotische Burgkapelle und wurde um 1325 herum von Ulrich von Dürrenpeckh gestiftet. Und weil noch ein wenig Geld übrig war, ließ er das Leben der heiligen Katharina für das einfache Volk als Bildgeschichte darstellen. Die Fresken wurden 1947 im Zuge von Renovierungsarbeiten wiederentdeckt und von Lotte Ingrisch und Gottfried von Einem ausreichend bewundert. Noch mehr schätzte der Komponist aber die kleine Orgel des Kirchleins, obwohl die zu seiner Zeit noch gar nicht restauriert war. Erst 2007 konnten der Kasten und die kostbaren handgedrechselten Holzpfeifen runderneuert werden. Dabei entdecke man die Signatur des Orgelbauers Lambert Koprech von 1678. Somit gehören die Pfeifen zu den ältesten Europas.

Eine Tatsache, die Lotte Ingrisch, die sich in ihren Werken stets mit dem Jenseitigen befasste, und ihrem Mann sehr gefallen hat. Er entschlief 1996 friedlich in seinem Oberdürnbacher Haus, das mittlerweile zum Gottfried-von-Einem-Museum geworden ist. Seinem Schaffen wird hier jährlich mit dem Musikfest »Melos und Logos« würdig gedacht.

Adresse 3721 Oberdürnbach, Tel. 0664/4724795, Koordinaten 48.58694, 15.84566 |
Anfahrt A22 bis Stockerau, B4 bis Maissau, L50, L1232 bis Oberdürnbach, Kirche
am Hügel | **Öffnungszeiten** Gottfried-von-Einem-Museum und Kirche: nach tel. Ver-
einbarung | **Tipp** In der Amethystwelt Maissau gibt es die schönen Steine nicht nur zu
sehen, sie können auch selbst ausgegraben werden. Die jüngeren Besucher lockt außerdem
ein riesiger Kinderspielplatz.

71 Die Goaß

Kleines Skiparadies im Weinviertel

Das »Kitz«(bühel) des Weinviertels nennt sich »Goaß« und stellt schneetechnisch genauso eine Herausforderung dar wie das Skigebiet in den Tiroler Bergen. Wo das eine meist mit zu viel Schnee kämpft, hat das andere oft zu wenig. Bei mangelndem Schneefall springen hier allerdings sofort die Mitglieder des Hollabrunner Skiclubs mit ihren sechs Schneekanonen ein, vorausgesetzt die Temperatur passt.

Ins Leben gerufen wurde das anfangs belächelte Projekt von einer Truppe Idealisten im Jahr 1970 (nach vorsichtigen Versuchen 1968). Und Idealisten halten den Betrieb auch nach 50 Jahren noch am Laufen. Anfangs wurde der Schnee gesammelt, in Traktoranhängern herbeigekarrt und mit riesigen Planen oder abgeschnittenen Autodächern am Hang verteilt, jetzt sorgen die Schneekanonen für das nötige Weiß. Das passiert meist des Nachts, damit der nächste Skitag früh am Morgen beginnen kann. Möglich machen den Spaß aber erst ein Speicherbecken mit 450.000 Litern Wasser Fassungsvermögen und zwei Lifte, die das Wiederaufkommen nach der rasanten Abfahrt doch um einiges erleichtern. Die Mitglieder des Vereins könnten mittlerweile in jedem beliebigen Skigebiet arbeiten, denn sie sind geübte Liftwarte, Seilbahnbetreiber, Skilehrer, Wirtsleute und vieles mehr. Sogar eine bahnärztliche Untersuchung können sie vorweisen.

Und wem der Hang zu steil ist, der kann auf die sieben Kilometer lange Langlaufloipe ausweichen (dazu braucht's aber den Schnee in natura), die malerisch durch den nahen Wald führt. Nicht zu vergessen ist der Rodelhügel für die jüngste Generation der Schneeverrückten. Und nach Sonnenuntergang verlängert eine Flutlichtanlage den Skispaß bis in die Abendstunden. Die »Goaß«, bei Fremden auch einfach Fahndorfer Berg genannt, bietet also alles, was ein echtes Skiparadies braucht – nur eben in kleinerem Rahmen: Die Piste hat eine Länge von gut 400 Metern.

Adresse »Goaß« (Fahndorfer Berg), zwischen 2020 Oberfellabrunn und 3710 Fahndorf, www.skiclubhollabrunn.at, Koordinaten 48.548275, 15.990600 | **Anfahrt** A22, S3 bis Hollabrunn, 2. Abfahrt auf L43 nach Oberfellabrunn, durch Ortschaft, Richtung Ziersdorf, 2 Kilometer nach Ortsende Oberfellabrunn auf Bergkuppe, beim Kreuz links zum Parkplatz abbiegen | **Tipp** Ein Gestüt der berühmten Lipizzaner der Spanischen Hofreitschule liegt am nahen Heldenberg.

72 Der Waldfreizeitpark
Klettern und Träumen unter den Bäumen

In der Jungsteinzeit, vor ungefähr 6.500 Jahren, haben die ersten Betreiber des Waldfreizeitparkes hier wohl große Steinbeilweitwurfwettbewerbe veranstaltet, die sich weit über die Landesgrenzen hinaus großer Beliebtheit erfreuten. Eines der Beile hat man erst 1973 wiedergefunden, so weit war es geflogen. Später, in der Bronzezeit, muss hier eine Tontaubenschießstätte gewesen sein, übrig gebliebene Scherben fand man ebenfalls 1973 bei einer archäologischen Grabung. Damit damals die Sicherheit der Zuschauer gewährleistet blieb, hat man eine bronzezeitlich topmoderne Ringwallanlage aus dem Ochsenberg gestampft.

Gemäß der uralten Tradition, am Ochsenberg Sport, Spaß und Erholung in freier Natur zu pflegen, wurde vor einigen Jahren der Waldfreizeitpark »Ochys« eröffnet. Hier darf geklettert werden – und das mitten im Wald, zwischen und auf den Bäumen. Sieben unterschiedlich schwierige Parcours auf Höhen von zwei bis zehn Metern gilt es zu meistern und dabei Geschicklichkeit, Kraft, Ausdauer und Einfallsreichtum unter Beweis zu stellen. Natürlich gibt es vor Ort Sicherheitsbekleidung und eine ausführliche Einweisung. Außerdem ist man durchgehend gesichert. Trotzdem macht das Klettern im Wald und unter den Baumwipfeln mehr Spaß als in der Halle oder an einer Betonwand.

Für Gruppen wie Schulklassen oder Firmen besteht nicht nur die Möglichkeit, hier fröhliche Wettbewerbe abzuhalten, sondern auch abends beim Lagerfeuer zusammenzusitzen und danach in einem der großen Matratzenlager zu übernachten. Wer es lieber ein- oder zweisam hat, mietet sich in einer der Zwei-bis-drei-Personen-Hütten ein und zählt vorm Einschlafen nicht die Schafe, sondern die Sternschnuppen – große Dachfenster ermöglichen den Blick in den nächtlichen Sternenhimmel. Und am nächsten Tag erwacht man mit Aussicht auf die Baumwipfel. Ganz wie die alten Ochsenberger im Bronzezeitalter.

Adresse 2124 Oberkreuzstetten, Am Ochsenberg, www.ochys.at, Tel. 0664/4989810, Koordinaten 48.47731, 16.43533 | **Anfahrt** A22 bis Abfahrt Brno, B6 Richtung Laa bis Ritzendorf, L30 und L33 bis Großrußbach, L28 auf den Ochsenberg bis Schild »Ochys« | **Öffnungszeiten** Mai–Okt. Sa, So und Feiertage 10–19 Uhr, Schlafen nach Vereinbarung | **Tipp** Die Fossilienwelt Weinviertel ist ein archäologisches Highlight in Stetten.

73___Die Schwedenhöhlen

Die unterirdischen Kirchen in den Erdställen

Als im 17. Jahrhundert der schwedische General Lennart Torstensson mit seinen Mannen durch die Lande zog, ließ er nicht nur den »Schwedentrunk« verabreichen (Gefangenen wurde so lange Jauche eingeflößt, bis sie verrieten, wo der nächste Goldschatz, die nächste Speisekammer oder die nächste Jungfrau zu finden waren), sondern zerstörte auch zahlreiche Burgen. In unseren Breiten zum Beispiel die Burg Kreuzenstein, von der nur mehr wenige Mauern übrig blieben und die dann als »Steinbruch« Verwendung fand (bis ein phantasievoller Holzbaron Ende des 19. Jahrhunderts an ihrer Stelle eine Bilderbuchritterburg errichten ließ).

Es nimmt also nicht wunder, wenn sich die Bevölkerung in die Wälder und unter die Erde zurückzog, um wenigstens das nackte Leben zu retten. So kauerten sie also dicht an dicht, warteten und beteten, dass es vorbeiginge. In den Erdställen finden sich Nischen, Bänke und, mittlerweile nur mehr schemenhaft, Ornamente in den Löss geschnitten. Möglicherweise hielt ja ein anwesender Priester tatsächlich eine unterirdische Messe ab, der Volksmund nennt die Erdställe jedenfalls »die unterirdischen Kirchen«.

Die Höhlen dürften aber noch älter sein, möglicherweise gehörten sie zu der in der Nähe gelegenen Ortschaft Wilantesdorf, die 1120 erstmals urkundlich erwähnt wurde, keine 400 Meter entfernt liegt und deren Grundmauern erst 1930 endgültig verschwanden, um Platz für Felder zu schaffen. Bei dieser Gelegenheit fand man Bleikugeln und Armbrustbolzen, also wieder Hinweise auf Kriegshandlungen.

Das Höhlensystem wurde von der Erdstallforscherin Edith Bednarik vermessen und katalogisiert, die einzelnen Höhlen von A bis P gekennzeichnet. Der Zustand verschlechterte sich leider von Jahr zu Jahr. Dennoch leisteten die »Schwedenhöhlen« noch 1945 gute Dienste, als Frauen und Kinder dort vorübergehend vor der Sowjetarmee versteckt wurden.

Adresse 2105 Oberrohrbach, Waldstraße, Koordinaten 48.425632, 16.338019 | **Anfahrt** A22 bis Korneuburg West, Richtung Leobendorf nach Oberrohrbach, Parkplatz rechts bei Hubertuskapelle, über die Straße gehen, bergabwärts im Hohlweg bis Forststraße, rechts Schotterweg bis Jungwald mit Wegweisern, rechts und über Bach, dann links, 4 Minuten Bachlauf folgen, dann rechts in die Gräben | **Tipp** Die weithin sichtbare, märchenhafte Burg Kreuzenstein mit einer Adlerwarte ist nicht nur für Kinder sehenswert (April–Okt. 10–16 Uhr).

74__Der Krautvogel
Rat mal, wer zum Essen ruft!

Um dem Namen auf den Grund zu gehen, müssen wir unsere Phantasie ein wenig spielen lassen und einige Jährchen in der Zeit zurückwandern. Lassen wir die Szene an einem warmen, sonnendurchfluteten Tag spielen. Die Bauersleut' sind seit dem Morgengrauen auf dem Feld, der Arbeitstag wird erst mit dem Untergehen der Sonne zu Ende sein, ringsum ist nur Vogelsang zu hören, die Arbeit ist hart, die Kräfte schwinden – endlich ruft der Krautvogel.

Und der erinnert die Menschen an Pause, Ruhe und Essen, das heißt, eigentlich ruft er nicht - es ist ein Glockenläuten, das die Aufmerksamkeit der Leute auf sich zieht. Dieses kommt von einem aus Metallstreben zusammengebauten Turm. Und da das damals weitverbreitete Mittagsmahl meist aus Kraut (und Rüben) bestand, hieß man den Glockenturm bald Krautvogel. Er rief, so erzählte man mir, mit seinem Glockenschlag pünktlich um drei viertel elf zu Tisch und unterbrach somit das anstrengende Tun, um ein wenig Rast und Ruhe in den Tagesablauf zu bringen.

Der Campanile von Oberstockstall hat allerdings auch ein Vorleben, das mindestens genauso rühmlich war wie seine spätere Aufgabe. In der Nachbargemeinde diente seine Metallkonstruktion als Windrad und betrieb eine Brunnenpumpe, die kühles Nass zutage förderte. Ein ebenso einfacher wie günstiger Antrieb also. Man darf vermuten, dass Anfang des 20. Jahrhunderts eine elektrische Pumpe dem Windrad seinen Arbeitsplatz streitig machte, weil Strom eben doch zuverlässiger war. Somit verlor das Windrad seine Funktion und war arbeitslos. Aber wie man sieht, wenn eine Tür zugeht, geht eine andere auf: Man baute die Konstruktion ab, verfrachtete sie an den jetzigen Standort, fügte zu den Streben Kreuz und Glocke – der Krautvogel ward geboren und durfte mit seinem geläuteten Ruf die Menschen an die Mittagszeit erinnern. Seltsam, aber so wird es erzählt.

Adresse 3470 Oberstockstall, Alchemistenstraße | **Anfahrt** A22 bis Stockerau, dort auf S5 Richtung Tulln/Krems, Ausfahrt Kirchberg am Wagram, L46 bis Oberstockstall, dort auf der linken Seite | **Tipp** Im Gut Oberstockstall lässt es sich vorzüglich speisen und dabei einen Blick auf die Kapelle werfen, in der man das Alchemistenlabor fand.

75_ Der Wehrturm
Gotischer Bau mit Blick auf die Kleinen Karpaten

Denkt man an einen Wirtshaushof, so denkt man an Biertische, vielleicht an einen Tanzboden, eine alte Kegelbahn oder an Kinderspielgeräte. Mehr erwartet man eigentlich nicht. Aber im Hof des »Gasthauses zum Wehrturm« in Palterndorf ragt auf einer Grundfläche von acht mal acht Metern ein stolzes Bauwerk gut 14 Meter in die Höhe. Hier hat sich kein Wirt den Bubentraum einer eigenen Burg oder wenigstens eines Turmes erfüllt, vielmehr ist das Bauwerk viel älter als der Gasthof – und auch älter als das umliegende Dorf.

Mit seinen aus Bruchsteinen gefügten, über einen Meter starken Mauern dürfte der Wachturm in der zweiten Hälfte des 13. Jahrhunderts errichtet worden sein und wurde in der »Liechtensteiner Urbar« 1414 erstmals urkundlich erwähnt (»… so ist daselb ein hof, do der turm inlegt …«). Der Turm an der Bernsteinstraße, einst von Wall und Graben umschlossen, ist in seiner Form einzigartig nördlich der Donau. Er hatte einen Hocheinstieg, den man über Leitern erreichen konnte, welche in Notsituationen hinaufgezogen wurden. Über ein sogenanntes »Angstloch« konnten die Schutzsuchenden ins Untergeschoß gelangen, um dort auszuharren, bis die Gefahr vorüber war. Angeblich führte von dort sogar ein Geheimgang bis zur Deutschordenskirche. Bei Straßensanierungsarbeiten wurde zumindest ein solcher angeschnitten. Als der Turm seine ursprüngliche Funktion verloren hatte, brach man einen ebenerdigen Eingang aus und nutzte den untersten, tonnengewölbten Raum als Stall. Erkennbar bis heute an Resten der Futtertröge.

Nach einem Brand 1945 war der gotische Bau jahrelang dem Verfall preisgegeben, bis man sich 2004 an die Renovierung machte, die 2006 abgeschlossen wurde. Heute beherbergt der Turm eine kleine Ausstellung zum Thema Wehrturm, Deutscher Orden und Bernstein. Zuoberst bietet eine Plattform schöne Ausblicke. In Richtung Slowakei sogar bis auf die Kleinen Karpaten.

Adresse 2182 Palterndorf, Hauptstraße 25, Schlüssel erhältlich im Gasthof, freier Eintritt mit NÖ-Card | **Anfahrt** A5 bis Ausfahrt Kettlasbrunn, im Kreisverkehr 2. Ausfahrt Brünnerstraße B7 nehmen, Richtung Maustrenk B 40, dann L3041, weiter auf L3164, links auf L15 Richtung Palterndorf | **Tipp** Bei einem Spaziergang durch Palterndorf lohnt sich ein Blick auf die romanisch-gotische Pestsäule an der Hauptstraße und ein Besuch der Deutschordenskirche mit ihren Barockgrabsteinen.

WEHRTURM
PALTERNDORF

76 Der Kalvarienberg
Drei Musketiere und das Meer im Weinviertel

Lange bevor Alexandre Dumas seinen berühmten Roman »Die drei Musketiere« veröffentlichte, schufen heimische Steinmetze den schönsten Kalvarienberg des Weinviertels. Und noch einmal einige Zeit davor (nämlich rund 30 Millionen Jahre) schuf das Urmeer Parathetys die wunderbare Landschaft drum herum. Später zog es sich zurück, und so müssen die Weinviertler heutzutage nach Lignano fahren, wenn sie Lust auf Meer haben.

Trotzdem umtoste 1993 noch einmal das Meer die bemerkenswerte Kreuzigungsgruppe bei Pillersdorf. Wie das? Disney machte es möglich. Der Film »Die drei Musketiere« wurde teilweise im Weinviertel gedreht und so geschnitten, dass beim letzten Gang der Lady De Winter ins Vergessen ihr Weg an der barocken Gruppe vorbeiführte, bevor sie – Schnitt – über Klippen ins sturmgepeitschte Meer sprang.

So weit, so gut, die wirkliche Geschichte um den Hügel ist eine andere. Es handelt sich um einen alten Kultplatz, möglicherweise sogar um einen hallstattzeitlichen Grabhügel, der das Fundament der Kalvariengruppe bildet. Das Entstehungsjahr des Werkes, 1730, findet man am Kreuzstamm des rechten Schächers. Unter dem Kreuz Jesu sehen wir kniend die händeringende Maria Magdalena. Rechts von ihr steht Mutter Maria und links vom Kreuz der heilige Johannes. Die Ausführung des Kunstwerkes wird einer Eggenburger Steinmetzschule zugeschrieben. Hinter der Gruppe finden sich drei Granitblöcke, wobei der linke eine energetische Strahlung aufweisen soll. Der geteilte mittlere wird »Sitzstein« genannt und diente einst der Sonnenbeobachtung. Seit Mai 1985 darf sich der Kalvarienberg als Naturdenkmal bezeichnen. Man sagt immer: »Wenn Steine sprechen könnten …« Wenn diese hier Stimmen hätten, würden sie wahrscheinlich laut um Hilfe rufen, denn der Zahn der Zeit ist unerbittlich und nagt immer weiter an ihnen. Dennoch dürften noch viele Jahre vergehen, ehe sie im Meer versinken.

Adresse 2073 Pillersdorf, Koordinaten 48.716311, 15.918112 | **Anfahrt** A22, S3 beziehungsweise B303 über Hollabrunn nach Guntersdorf, weiter auf B30 bis Watzelsdorf, dann Zellerndorf, dort auf L1065 bis Pillersdorf, durch Ortschaft und an Kreuzung nach Schrattenthal links parken | **Tipp** Das wunderschöne Schloss Schrattenthal kann gegen Voranmeldung besichtigt werden (info@schloss-schrattenthal.at).

77_Die Keltensiedlung
Der Wanderturm und die Heiligtümer des Todes

»Wanderer, kommst du nach Sparta, verkünde, dass wir hier liegen, gemäß dem Befehl des Gesetzes.« Üblicherweise ist diese Aufforderung an Menschen gerichtet, denn von herumreisenden Türmen wusste man damals noch nichts.

Der Aussichtsturm am Platter Sandberg ist aber auch ein besonders geschichtsinteressiertes Exemplar. Bis 2010 stand die zwölf Meter hohe Holzkonstruktion am Freilichtgelände des Archäologieparks Carnuntum und konnte in dieser Zeit umfangreiches Wissen über das bedeutende römische Heereslager und die nahe zivile Stadt sammeln. Dann kam der Turm hierher. Vielleicht war ihm langweilig geworden, vielleicht wollte er aber einfach noch weiter zurück in die Geschichte reisen. Denn während Carnuntum rund 200 nach Christus seine Blütezeit erlebte, tat dies die Keltensiedlung bei Platt gut 500 Jahre davor. Sicherlich, Menschen und andere kuriose Bewohner besiedelten die Gegend schon seit 7.000 Jahren, aber erst die Kelten wählten diesen Standort, um hier ein wirtschaftliches und religiöses Zentrum zu schaffen.

Dass zwischen Roseldorf und Platt einmal »etwas« gewesen sein musste, wusste man schon seit Langem, auf den Feldern wurden immer wieder Waffenteile und Münzen gefunden. Seit 1995 wird nun professionell gegraben und geforscht. Mit erstaunlichen Ergebnissen: Auf der zu Roseldorf gehörenden Flur »Bodenfeld« am Südosthang des Sandbergs befand sich eine der größten Keltensiedlungen Mitteleuropas, jedenfalls die größte Österreichs. Die Besonderheit der Siedlung gründet nicht nur auf die nachgewiesenen großen Münzprägestätten, sondern auch auf die mittlerweile fünf entdeckten keltischen Heiligtümer. Eine Seltenheit, die auf ein bedeutendes religiöses Zentrum hinweist.

Viel zu sehen also für den wanderlustigen Turm, der hoffentlich noch eine Weile bleibt, bevor er auf seiner Reise in die Vergangenheit möglicherweise nach Hallstatt entfleucht.

Adresse 2051 Platt, Sandberg, www.zellerndorf.at, Tel. 02945/2214, Koordinaten 48.658913, 15.966606 | **Anfahrt** A22, S3 bis Guntersdorf, L1064 Richtung Platt, vor Ortsanfang links auf Sandberg abbiegen | **Tipp** Beim Weingut Zöchmann im benachbarten Roseldorf ist ein Schauraum eingerichtet, der einen Überblick über die Ausgrabungen der Keltensiedlung vermittelt (Voranmeldung unter Tel. 0664/8398984, reinhard@zoechmann.at).

78 Die Kreisgraben

Das Tor zum Neolithikum

Blickt man durch das von der Künstlerin Irena Ráček geschaffene Tor, schaut man auf ein 7.000 Jahre altes, monumentales Erdwerk, das noch nicht ganz verstanden wird. Freilich, sehen kann man nur mehr wenig von der Anlage, und das bisschen Sichtbare verdanken wir Traktor und Pflug – den Rest muss unsere Phantasie vervollständigen.

Schaut man über die gedachte Palisade, welche wahrscheinlich aus mehr als 600 Baumstämmen bestand, zum Horizont, erblickt man ein anderes Erdwerk: den Pankraz. Im Vergleich ein hallstattzeitlicher Jüngling, wurde dieses Hügelgrab doch erst vor 2.500 Jahren errichtet. Die Gräben und Palisaden der Kreisgrabenanlage gaben den Weinviertler Ahnen Schutz vor wilden Menschen und bösen Tieren, möglicherweise nutzte man sie auch als überdimensionalen Kalender, um die Ernte zu optimieren, oder als Ort kultischer Handlungen.

Im Inneren der Anlagen fand sich weniges, dafür hatten es die verfüllten Gräben in sich: Scherben von hervorragender Qualität, seltene Idole, Knochen von Tieren und Menschen entdeckte man in den bis zu sechs Meter tiefen und oft acht Meter breiten, scharf dreieckig ausgehobenen Gräben, die nur von einigen Erdbrücken unterbrochen waren. Auch bei den Kreisgräben selbst ließen sich die Baumeister nichts nachsagen und schufen derer bis zu drei Stück. Die Siedlungen dazu lagen außerhalb und bestanden aus mehreren Langhäusern aus Lehm und Holz.

120 derartige Anlagen hat man in Mitteleuropa entdeckt, mehr als 40 der steinzeitlichen Rondelle liegen im Weinviertel. Gefunden hat man sie - wie so oft - erst, als man den Blickwinkel veränderte und »in die Luft ging«. Luftbildarchäologie und geophysikalische Messgeräte ermöglichten plötzlich neue Entdeckungen im »Geschichtsbuch« Boden. Seither wird gerätselt, wie bei manch anderem im Weinviertel, zum Beispiel den Erdställen.

Adresse 2014 Puch, außer Ort, Koordinaten 48.497504, 16.049834 | **Anfahrt** A22, S3 Richtung Hollabrunn, Abfahrt Großstelzendorf, L1138 nach Breitenwaida, weiter nach Kleedorf, L1139 nach Puch, nach Feuerwehr links in Gasse, links halten, beim Heurigen rechts den Berg rauf | **Tipp** Mehr gekennzeichnete Kreisgräben finden Sie in Porrau, Immendorf, Glaubendorf. Am Heldenberg gibt es eine Rekonstruktion.

79_Der Karner

Ein Wartender? Ein Fauler? Ein Wachender?

Dass wir auf uraltem Siedlungsboden stehen, ist erwiesen, aber dass wir es mit einem fossilen Baumeister zu tun haben, der da auf der hinteren Zacke des Karners neben der St. Michaelskirche sitzt, darf ruhig angezweifelt werden.

Das als Rundkapelle für den Friedhof erbaute Beinhaus gibt die Wahrheit nicht preis, handelt es sich hier um einen faulen Steinmetz, der sich einfach ausruhen will ob der vielen Arbeit und ihr deshalb den Rücken zuwendet? Oder blickt er erwartungsvoll in Richtung des Steinbruchs, wartend, dass neues Material herangeschafft wird? Vielleicht wacht er aber auch nur über sein schönes Pulkau, jederzeit bereit zu warnen, wenn Gefahr droht. Denn es gibt hier viel Sehenswertes zu bewachen und zu bewahren, und man läuft Gefahr, etwas zu übersehen. Zum Beispiel die benachbarte Kalvariengruppe auf dem Friedhof, mit ihrer Geschichte vom guten und dem bösen Schächer. Der gute mit Namen Dismas zeigte Reue im Angesichte Jesu, der linke, Gestas genannt, verspottete Jesus noch am Kreuz und wurde dafür seit Jahrhunderten mit Steinen beworfen, sodass man heutzutage nur noch Konturen der Figur erkennen kann. So weit die Überlieferung.

Tatsächlich wurde der im 13. Jahrhundert errichtete Karner nach Berichten von Pilgern und Kreuzfahrern dem Heiligen Grab in Jerusalem nachempfunden, der Bau wurde dann im 14. Jahrhundert um die mit Figuren bestückten Giebel ergänzt. Abgesehen von unserem Baumeister sieht man noch das Stifterpaar, den Pantokrator, einen Pelikan, der ja als Christussymbol gilt, eine vierblättrige Rose und, an der Spitze des Karners, ein sogenanntes Jerusalem-Kreuz. Wir haben es also mit über 700 Jahre alten Kunstwerken zu tun, und das stimmt schon ein wenig andächtig. Und wenn man Glück hat, weht einem der Wind ein paar Töne von der Kirchenorgel herüber, dem nächsten besonderen Gustostück, ein Rokkoko-Instrument von Jesswagner.

Adresse 3741 Pulkau, Letzing 129 | **Anfahrt** A22, S3 über Hollabrunn bis Schöngrabern,
links nach Mittergrabern, Roseldorf, rechts nach Röschitz, dort scharf rechts nach Pulkau,
Kreuzung gerade queren bis Kreuzung Leodagger, links nach Pulkau, links in Berggasse |
Öffnungszeiten Kirchenführungen nach Voranmeldung unter pfarramt.pulkau@aon.at |
Tipp Planen Sie ruhig einen ganzen Tag ein, Marienbründl, Blutkirche, Mühlen, Waldbad –
Pulkau hat viel zu bieten.

80__Der Zirkus

So ein (Weinviertler-)Zirkus

Es gibt ihn noch, den Zirkus. Und dieser hier ist der größte rein österreichische und der beste Niederösterreichs und der schönste des Weinviertels – der Circus Pikard. Geführt von der Vollblutzirkusfamilie Schneller aus dem schönen Pulkau. Ein Betrieb, in dem jeder oft mehrere Aufgaben hat, um das reibungslose Laufen des Zirkusmotors zu ermöglichen.

Seit nunmehr drei Jahrzehnten begeistert er sein Publikum, das oft über Generationen dieser Märchenwelt folgt. Bereits die Urgroßeltern des heutigen Direktors führten einen Zirkus und vererbten das Schausteller-Gen weiter. Nach der schweren Zeit des Krieges tourte Vater Ernö, er hatte ungarische Wurzeln, durch die Lande. Er war einer der weltbesten Tempojongleure.

In den 1960er Jahren fand er seine Elisabeth, und ab da war man gemeinsam unterwegs, immer mit dem gemeinsamen Traum des eigenen Zirkus. 1989 wurde aus dem Traum die ersehnte Wirklichkeit, der Circus Pikard entstand, benannt nach der Frau des Großvaters Jenö Schneller. Damals war der zukünftige Direktor gerade einmal zwei Jahre alt. Allzu schnell musste der zum Jongleur ausgebildete Filius nach dem Verlust des Vaters sein Amt als Direktor antreten – keine 30, aber voller Ideen und Engagement. So führt er den Zirkus, immer offen für Neues, seien es Modeschauen oder Flohmärkte.

Mit dem Beitritt Österreichs zur EU wurde das Gewerbe nicht leichter, der Gebietsschutz, der Anzahl und Spielorte regelte, wurde aufgehoben, und 2005 kam das Wildtierverbot, welches die Haltung von Affen, Raubtieren und sonstigen Exoten untersagte. Die Auswirkungen auf den Pulkautaler Zirkus waren gering. Man hielt sich an Haustiere, die mit viel Hingabe und Liebe trainiert wurden. Das Publikum nahm auch deren Kunststücke mit Staunen und Freude an. Für Jung und Alt ist zu wünschen, dass es noch lange heißt: »Herrreinspaziert, meine Damen und Herren!«

Adresse 3741 Pulkau, Berggasse 11; den aktuellen Standort sollten Sie allerdings lieber dem Tourplan entnehmen: www.circus-pikard.at | **Anfahrt** A22, S3 über Hollabrunn nach Schöngrabern, links nach Mittergrabern, in Roseldorf rechts Richtung Röschitz, dort scharf rechts nach Pulkau | **Tipp** Die Wassertretanlage in Groß-Reipersdorf: Treten Sie das Wasser, ihm tut es nicht weh, und für Sie ist es gesund.

81 Die Radaranlagen

Die Golfbälle der Leiser Berge

Gullivers Riesen hätten ihre Freude und würden sogleich zum Schläger greifen. Denn fährt man durchs Weinviertel, erblickt man hin und wieder ein oder zwei Bergkuppen, auf denen gigantische weißen Kugeln thronen und nur darauf zu warten scheinen, von einem überdimensionalen 7er Eisen in die Gegend gepfeffert zu werden. Dennoch sind sie kein Hinweis auf die vielen Golfplätze der Region, auch wenn sie daran erinnern.

Die beiden Bergkuppen gehören zu Buschberg und Steinmandl. Übrigens kommt dieses »Busch« vom Althochdeutschen »pusk« und bedeutet Beule. Flugzeuge und deren Sicherheit sind es, die aus den Bällen Nutzen ziehen. Denn es handelt sich um Radarstationen, die im Fachjargon »Radom« genannt werden. Von diesen 40 Meter hohen Anlagen, die Transpondersignale im Umkreis von fast 500 Kilometern erfassen können, wird der gesamte östliche Luftraum Österreichs überwacht. Am Buschberg kümmert man sich um die zivilen Riesenvögel, und am danebengelegenen Steinmandl steht die militärische Version, die zum Luftraumüberwachungssystem »Goldhaube« gehört. Also, wenn Sie fliegen, keine Angst, das Weinviertel passt auf Sie auf.

Knapp unterhalb der Station der Austro-Control, auf einer Seehöhe von 484 Metern, findet sich Österreichs tiefstgelegene bewirtschaftete Hütte des Alpenvereins. Knapp vor der Berghütte geht es links rüber zum Simperlberg, wie die Ansässigen diese mittelalterliche Hausberganlage nennen. Von deren abgeflachter Kuppe, die man nach Durchschreiten eines Walles erreicht, kann man einen fantastischen Blick in die Gegend tun.

Überhaupt lassen sich in den Leiser Bergen, zu diesen gehören Buschberg und Steinmandl nämlich, nette Bergtouren unternehmen, ohne in Gefahr des Sauerstoffmangels durch allzu große Höhe zu geraten. Und sollten Sie dennoch einmal einen Schwächeanfall haben – der nächste Heurige ist sicher nicht weit.

Adresse 2152 Pyhra 128, Koordinaten 48.577015, 16.395666 | **Anfahrt** A22 bis Korneuburg West, auf S1, auf B6 Richtung Laa, nach Ernstbrunn, dann nach Au, weiter nach Niederleis, dort beim Schloss links auf die L3076 bis Parkplatz Buschberg | **Tipp** Der Oberleiserberg lädt zur Besteigung der Aussichtswarte und zum Bewundern der archäologischen Ausgrabungen gleich daneben.

82 Der Pinkelstein

Mozarts besonderes Andenken an der alten Poststraße

Im Sommer 1975 lud der Hollabrunner Architekt Helmut Leierer einige Bekannte in seinen Keller zum fröhlichen Umtrunk. Dabei wurde auch über die alte Poststraße von Wien nach Prag debattiert, die einst durch Raschala führte. Neben den Schweden 1645 und dem polnischen Entsatzheer zur Türkenbefreiung 1683 sind wohl ebenso die russischen Verbündeten gegen Napoleon 1805 und die preußischen Besatzer 1866 auf diesem Hauptverkehrsweg unterwegs gewesen. Darüber hinaus aber auch viele Wiener Maler, Dichter und Musiker, die Prag besuchten. Im Jahre 1787 brach Wolfgang Amadeus Mozart auf, um dort seinen »Don Giovanni« zu dirigieren. Nachzulesen bei Eduard Mörike.

Einer der fröhlichen Zecher 1975 hatte eine glänzende Idee: Man solle Raschala zum touristischen Magneten machen, indem man Mozart ein Denkmal setze. Nun wurde die Frage erörtert, was der Komponist denn im Ort gemacht habe. Berühmtheiten bekommen ihre Denkmäler doch dort, wo sie geboren oder gestorben sind, wo sie gewohnt oder zumindest genächtigt – oder wenigstens das Mittagmahl zu sich genommen haben. Schließlich kam die Runde auf das Allermenschlichste: »Auf seiner Reise hat er sicher pinkeln müssen, und das hat er genau hier erledigt«, war man sich einig. Da die Spuren einer solchen Großtat aber naturgemäß bald verschwunden sind, verpflanzten die Verschwörer mit missionarischem Eifer einen repräsentativen »Pinkelstein« von der Stoitzendorfer Kogelheide nach Raschala, als neue Pilgerstätte für die Mozartianer.

Was als Scherz begann, entwickelte sich in den nächsten Jahren zum Dreh- und Angelpunkt eines regen Veranstaltungs- und Kulturlebens in Raschala. Es fanden Symposien, Faschingsfeste, Tanzveranstaltungen, Konzerte, Adventmärkte und Theateraufführungen beim Pinkelstein statt. Es gibt einen Verein, eine Chronik und eine Fahne. Und wie geht es Mozart damit? Wir sind überzeugt – er lächelt.

ANNO DOMINI MDCCLXXXVII LIESS
WOLFGANG AMADEUS MOZART
AUF SEINER REISE NACH PRAG
JUST AN DIESER STELLE SEINE
KUTSCHE ANHALTEN
SEITHER HEISST IM VOLKSMUND
DIESER STEIN
PINKELSTEIN
29.2.1976

Adresse 2020 Raschala, Kellerplatz | **Anfahrt** von A22 kommend S3 bis Abfahrt Holla-
brunn West, 1. Kreuzung scharf rechts, Richtung Raschala, dort über Brücke, Richtung
Kellergasse | **Tipp** Im Museum »Alte Hofmühle« in Hollabrunn ist die Geschichte der
Stadt und der näheren Umgebung dokumentiert, dazu gibt es immer wieder akutelle
Ausstellungen über Ausgrabungen im Weinviertel.

83_Der obere Stadtmauerweg

Bezauberndes »Hintaus« und Grenze zu den Weingärten

Die üblichen Stationen von Tagestouristen in Retz sind der weitläufige Erlebniskeller, der historische Hauptplatz mit Rathaus, Ver-
derber- und Sgraffitohaus und natürlich die berühmte Windmühle.

Oft kann aber auch ein schöner Rücken entzücken. Ein wenig
abseits des Rummels gewährt ein bequemer Spazierweg entlang der
Stadtmauer besondere Blicke auf die weniger bekannte, aber sehr
reizvolle Seite des mittelalterlichen Städtchens. Von der Wind-
mühlgasse entlang der Rückseiten von Althof und Kloster, vorbei am Haberfelderturm, den man nach der Eroberung durch die
Hussiten 1425 gebaut hat, hinunter bis zum Nalbertor. Der tiefe
Graben zur Linken ist der sogenannte Zwinger, gebildet durch die
Zwingermauer und die gewaltige Stadtmauer. Heute kann man
im Zwinger teils malerisch verwilderte, teils liebevoll gepflegte
Gärten der Anrainer bewundern, deren rückwärtige Hauswände
und Balkone zum Teil direkt in die Stadtmauer integriert sind
und geradezu mediterranes Flair verbreiten. Ein Fußgängerbrück-
chen lädt zum Abzweigen ein, mündet in die schmale Ignazigasse,
die kaum schulterbreit ist und schließlich durch einen restaurier-
ten Torbogen auf den Vinzenziplatz führt. Bleibt man jedoch auf
dem Hauptweg, kommt man alsbald zur nächsten Abzweigung,
dem Klosterbrückl, die Verbindung zur Klosterkirche. Zur Rechten beginnen hier sanft ansteigend die Weingärten, und ein paar
Schritte die Böschung hinauf bietet sich aus ungewohnter Perspek-
tive ein ganz besonderer Ausblick auf die knapp zwei Kilometer
entfernte Windmühle.

Seit einigen Jahren ist dieses reizvolle »Hintaus« (Weinviertler
Ausdruck für die dem Dorf- oder Stadtzentrum abgewandte Seite
eines Grundstücks) in den »Stadtmauer Rundweg« mit 13 Stationen integriert, welcher die ganze Altstadt umrundet und neben
Informationen zu Stadt und Geschichte auch unzählige Fotomotive
offeriert.

Adresse 2070 Retz | **Anfahrt** in Retz über die Klostergasse zum Vinzeniplatz, dann zu Fuß durch die Ingazigasse; alternativ vom Hauptplatz zu Fuß durchs Znaimertor, dann links in die Windmühlengasse und dort wieder links abbiegen | **Tipp** Falls Sie nach Retz geradelt sind und die Vorfahren Ihres Drahtesels kennenlernen wollen, besuchen Sie das Fahrradmuseum in der Innenstadt. Aber auch Nichtradler sind dort willkommen.

84__Die Weinstöcke

Die ältesten Reben für die Königin Europa

Was Europa so alles mitgemacht hat! Zuerst diese Viehherde am Strand. Sehr verdächtig! Dann dieser wunderschöne weiße Stier. Zuerst wollte er nur spielen, dann schwimmt er glatt mit ihr bis Kreta und dann… Na ja, Schwamm drüber, Hauptsache die Buben sind gesund. Und der Asterios kümmert sich um sie, als wären es die eigenen. Und er hat Europa gleich zur Königin von Kreta gemacht, obwohl er von der Zeusgeschichte gewusst haben muss. Und die Aphrodite war überhaupt urlieb, die hat geweissagt, dass man gleich den ganzen Erdteil »Europa« nennen wird.

Dass dereinst im Hof des Retzer Museums die ältesten Weinstöcke des Weinviertels stehen werden, hat sie aber nicht gewusst, die Aphrodite. Obwohl Wein ja auch ein Aphrodisiakum ist. Apropos: Mit Rebstöcken ist es wie mit Männern, jenseits der 20 geht es langsam bergab mit der Produktion. Sicher, manche bringen auch nach dem 50. noch Frucht hervor, aber weniger halt. Dafür ist das dann inhaltsreich, und sie selbst sind tief verwurzelt.

Über 100 werden sie äußerst selten (Männer wie Stöcke). Im Museumshof hingegen stehen einige 1856 gepflanzte (Stöcke, nicht Männer) und sind somit die ältesten des Weinviertels. Die charakteristischen Sorten Grüner Veltliner und Blaufränkischer sind es, denen der Retzer Boden offenbar guttut und sie über 160 Jahre alt werden ließ.

Möglicherweise hat aber doch Aphrodite ihre Finger im Spiel, die ja nicht nur für körperliche Liebe, sondern auch für Fruchtbarkeit zuständig ist. Vielleicht wollte sie Europa ja ein kleines Geschenk machen. Die ist nämlich auch da, im Inneren des ehemaligen Bürgerspitals, in dem das Museum beheimatet ist. Dort ist ein Holzschnitt des Tiroler Künstlers Johannes Putsch (1516–1542) zu finden, der von Mag. Dr. Celine Wawruschka als die älteste bekannte Darstellung des europäischen Kontinents in Form einer Königin bewertet wurde.

Adresse 2070 Retz, Znaimer Straße 7, www.museumretz.at, Tel. 02942/2700 | **Anfahrt**
A22 und S3 bis Kreisverkehr, Abfahrt Peigarten, B45 bis Watzelsdorf, B30 bis Retz, Haupt-
platz Richtung Znaimertor | **Öffnungszeiten** Karsamstag–Nationalfeiertag Fr, Sa, So und
Feiertage 13 – 17 Uhr | **Tipp** Natürlich muss man auch einmal das Wahrzeichen der Stadt,
die berühmte Windmühle, gesehen haben. Gehen Sie zu Fuß rauf, Ihrer Gesundheit zuliebe.

85 Das Gasthaus

Ganz die Alte Schule – immer mit Haube

Ein Plan – Hunderte Bauten. Während der Monarchie wurden in ganz Österreich-Ungarn die Provinzschulhäuser so gebaut: links die Klasse, rechts die Schulmeisterwohnung. In der Schule von Riedenthal wurde um 1965 herum der Schulbetrieb eingestellt, und damit begann eine wechselvolle Geschichte für das Gebäude.

Zunächst noch in Gemeindebesitz, wurde es als Vereinslokal, Yoga-Zentrum und Wohnhaus vermietet, ehe dann etliche Wirte ihr Glück versuchten. Die meisten gaben nach einem Jahr auf, einer hielt zwei Jahre durch (nahm dazwischen aber ein Jahr Auszeit). Insgesamt zwölf derartige Versuche scheiterten. »Landflucht« und »Wirtshaussterben« waren oft gehörte Schlagworte. Es schien also klar, dass der 13. Versuch ebenfalls scheitern musste. Aber die vermeintliche Unglückszahl machte für Manfred Buchinger eine Ausnahme.

Der Mann selbst ist allerdings als Wirt eine ebensolche. Er kochte in 31 Top-Restaurants auf der ganzen Welt, war lange Küchenchef im Hotel Imperial und hat eine Gault-&-Millaut-Haube (die er selten aufsetzt). Als er beschloss, sesshaft und selbstständig zu werden, erinnerte er sich an das alte Schulgebäude in Riedenthal. Er ist ganz in der Nähe aufgewachsen – in Obersdorf, einem anderen Ort der Gemeinde Wolkersdorf. Anders als die anderen hält er nun schon über 20 Jahre durch, und das mit hochwertiger Küche, speziellen Kochideen und einem Publikum, das von nah und fern herbeiströmt, um den Meister bei der Arbeit oder beim Erzählen zu erleben.

Mittlerweile erschrecken sich die Besucher auch nicht mehr, wenn sie eine Krimiautorin in Buchingers Küche mit Pilzen hantieren sehen. Eva Rossmann, Ex-Politikerin, Journalistin und Erfolgsautorin, kocht aus Leidenschaft des Öfteren in der alten Schule. Außerdem eröffnete der umtriebige Wirt hier die »1. Weinviertler Trüffelkochschule« – damit das Gebäude in Übung bleibt.

Adresse 2122 Riedenthal, Wolkersdorfer Straße 6, www.buchingers.at, Tel. 02245/82500 | **Anfahrt** A5 Richtung Brünn, Abfahrt Wolkersdorf Nord, hinein nach Riedenthal, gut sichtbar | **Öffnungszeiten** Do–So 11–15.30 und 17.30–23 Uhr | **Tipp** Die Kulturinitiative babü in Wolkersdorf bietet regelmäßig Livemusik und Kleinkunst-Veranstaltungen (www.babue.com).

86 Die Fuchsenlucke

Im Kerker des Heimatforschers

Für Höhlenbären und solche, die noch welche werden wollen, hält das Weinland natürlich neben den Kellern auch natürliche Höhlen bereit – in denen dann kein Wein lagert, sondern Muscheln und Knochen. Zumindest war es so, bis ein umtriebiger Büchsenmacher und Eichmeister, der durch die Lande zog, auch nach Roggendorf bei Röschitz kam. Der Mann sammelte einfach alles! Sein Motto war »All's, was größer is als a Laus, nehm' ich mit nach z'Haus«.

Das z'Haus wurde ein Museum und trägt noch heute seinen Namen, das Krahuletzmuseum in Eggenburg. So wurde aus dem anfänglich als Spinner angesehenen Krahuletz ein geachteter Forscher. Ein weiteres Mal musste sein Name herhalten, als er bei Kühnring eine Seekuh ausgrub, die man nach ihm benannte. Das Höhlensystem von Roggendorf auf dem Königsberg wurde von ihm eingehend untersucht, wobei manche Stunde in der Höhle nicht freiwillig war – als ein Teilstück einstürzte, war er ein Gefangener von Mutter Erde.

Vor 25.000 Jahren diente die Lucke Tieren und Menschen als Behausung und Zufluchtsstätte, weswegen man hier, am wichtigsten Fundplatz des Weinviertels, auch steinzeitliches Werkzeug entdeckte. Die frühesten Funde stammen aus dem Jahre 1874. Es waren Knochen von Mammut und Riesenhirsch, außerdem konnte ein Hyänenhorst in der Höhle nachgewiesen werden. Auch der aus Reinprechtspölla stammende Heimatforscher Josef Höbart fand hier Interessantes, unter anderem machte er einen bronzezeitlichen Depotfund. Es dürfte sich hierbei um das Versteck eines Händlers gehandelt haben, der 37 Bronzebarrenringe in der Nähe eines leider verloren gegangenen Schalensteins vergraben hatte. Die Höhle, die sich über dem Ufer des Maigner Baches befindet, wird übrigens von den Bewohnern des nahe gelegenen Ortes Röschitz Teufelslucke genannt, wogegen man in Roggendorf von der Fuxen- oder Fuchsenlucke spricht.

Adresse 3730 Roggendorf, Königsberg, Koordinaten 48.671764, 15.853900 | **Anfahrt** A22, S3, Abfahrt Schöngrabern, dort B2 Richtung Röschitz, auf L1197 nach Roggendorf, am Ortsbeginn rechts auf Berg bis Ende Asphaltweg, parken, linken Weg in den Wald, nach 20 Metern im Wald links runter | **Tipp** Wer noch nicht genug hat von Weinviertler Höhlen, in der Nähe liegt die Muschelhöhle und etwas weiter weg, bei Prinzendorf an der Zaya, im Eselbachgraben, gibt es noch mehr Unterirdisches.

87 Die Löss-Pietà

Im Keller der 1.000 Reliefs

Man kennt sie von Kirchen, von Kapellen, Bildstöcken und Grabmälern, die Darstellung Marias als Mater dolorosa mit dem Leichnam Christi. Aber eine Pietà in Verbindung mit einem Weinkeller ist doch ziemlich ungewöhnlich. Noch ungewöhnlicher ist ihre Nachbarschaft zu einer Löss-Schnitzerei. Hier tummeln sich mythologische Gestalten neben Politikern des 20. Jahrhunderts, und Künstlerporträts sind neben den Konterfeis ortsansässiger Originale zu bewundern. Aber wie kommt's?

Es war einmal, vor 100 Jahren, da saßen drei Freunde im Keller. Der Weber, der Felser und der Frischauf – Freunde fürs Leben und Freunde des Weines. Vielleicht philosophierte man darüber, warum Kellerröhren keine Verzierungen an den Wänden hätten, obwohl der Löss doch ein so wunderbares Arbeitsmaterial sei. Jedenfalls begann Ludwig Weber (1859 – 1937) bald darauf, eine kleine Nische zu verzieren. Und weil er ein Talent fürs Bildnerische hatte, begnügte er sich nicht bloß mit ein paar Ornamenten, sondern fertigte sogleich ein Bild von sich und den Freunden in froher Runde an.

Gearbeitet wurde mit dem Taschenfeitel, die Bilder wurden also aus dem Löss herausgekratzt. Richtig gelesen, *die* Bilder, denn der Mann schuf in den nächsten 17 Jahren eine ganze Galerie hier unten. Thematisch ließ er sich dabei nicht einengen, künstlerisch ebenso wenig. Nach Webers Tod, dem Krieg und dem Wiederaufbau begann Sohn Ludwig, die künstlerische Gestaltung des Kellers fortzuführen, und dessen Sohn Erich kümmerte sich sodann um die Erhaltung.

Der aktuelle Besitzer des Kellers heißt wieder Ludwig und schafft Skulpturen, Bilder und restauriert nebenher Bildstöcke – alles außerhalb des Kellers, denn dort ist kein Fleck mehr frei. Allerdings sind einige seiner Werke im Presshaus ausgestellt. Von dort führt Bettina Bauer gekonnt bis ans Ende der Röhre, zur Pietà. Darunter ein Quäntchen Trost: dort liegen die Weinflaschen.

Adresse Weberkeller, 3743 Röschitz, Pulkauer Straße, vis-à-vis »Zum Gruber«, Im Ziegelstadl 3, unter Tel. 0660/1662796 oder 0664/1460130 | **Anfahrt** A22 und S3 bis Hollabrunn, B303 bis Schöngrabern, links auf B2 bis Roseldorf, rechts auf Roseldorfer Straße bis Röschitz, rechts auf Pulkauer Straße | **Öffnungszeiten** April–Okt. Führungen nach tel. Voranmeldung 16.30 und 18 Uhr | **Tipp** Am südöstlichen Ortsausgang von Roseldorf ist ein Aussichts- und Beobachtungspunkt des LIFE-Projektes »Großtrappen«.

88__Das Pleyel Zentrum
Die Heimholung des vergessenen Sohnes

Bachs Werke wurden nach seinem Tod vergessen und wären es vielleicht geblieben, hätte sie nicht Felix Mendelssohn wiederbelebt.

Der Mendelssohn von Ignaz Joseph Pleyel heißt Adolf Ehrentraud, ist Professor und stolz darauf, im Geburtsort des meistgespielten Komponisten seiner Zeit zu wohnen. Beide haben Erstaunliches geleistet. Pleyel, 1757 geboren, wurde nach seiner Schulzeit von Gönnern zu Josef Haydn in die Lehre gesteckt, komponierte ebendort als Neunzehnjähriger zwei Opern, eine Sinfonie und ein Cellokonzert, schloss seine Ausbildung in Italien ab und ging dann nach Straßburg, wo er erstens heiratete und zweitens Domkapellmeister wurde. Während der Französischen Revolution komponierte er die »Hymne à la Liberté«, weilte ein halbes Jahr in London, wo er eine gefeierte Konzertreihe gab, und übersiedelte schließlich nach Paris. Dort gründete er einen kleinen Musiksalon, aus dem sich später die »Salle Pleyel«, der größte Konzertsaal der Stadt, entwickelte. Außerdem war Pleyel Musikverleger und Klavierfabrikant.

Der andere Mann hat nichts weniger getan, als den vergessenen – vielmehr verschwiegenen Sohn heimgeholt. Adolf Ehrentraud weckte Pleyels Geburtshaus aus dem Dornröschenschlaf und richtete ein Museum ein, schrieb ein Theaterstück über das Leben des großen Komponisten und gründete die IPG (Internationale Ignaz Joseph Pleyel Gesellschaft), die bislang über 400 Konzerte gab und 750 Stücke des Meisters einspielte.

Er gab eine kritische, musikalische Gesamtausgabe Pleyels in Auftrag, und er gründete und leitet das Pleyel Zentrum, in dessen »Benton-Saal« wöchentlich Matineen oder andere Veranstaltungen abgehalten werden.

Das Pleyel Zentrum liegt mitten in den Weinbergen Ruppersthals, auf Augenhöhe mit der Kirchturmspitze des Ortes, und bei klarer Sicht mit Blick auf Rax, Schneeberg und Ötscher – im Idealfall zu den Klängen von Ignaz Joseph Pleyel.

Adresse 3701 Ruppersthal, Baumgartnerstraße 14, www.pleyel.at, Tel. 02955/70645 | **Anfahrt** A22 bis Stockerau (Abfahrt Nord), B4 Richtung Horn, nach Durchfahrt von Großweikersdorf links nach Baumgarten abbiegen und weiter bis Ruppersthal, gleich am Ortsanfang links auf Parkplatz (beschildert) | **Öffnungszeiten** Mo–Fr 8–14 Uhr, Sa 8–18 Uhr, So 10–14 Uhr und nach tel. Vereinbarung | **Tipp** Die Pfarrkirche Groß-weikersdorf ist einer der drei Sakralbauten des berühmten Architekten Fischer von Erlach (der Jüngere).

89___Die Brauküche 35

Was macht der Sauschädel im Bierfass?

Reisen bildet, sagt man. Manchmal bringt es einen aber auch auf den Geschmack. Als Kathrin Erlebach und Jörg Gartler 2010 in Neuseeland für ihre Masterarbeit recherchierten, besuchten sie auch eine der dortigen Craft-Beer-Manufakturen. Es schmeckte. Die Idee, eigenes Bier zu brauen, fanden beide lustig, und zurück in Wien experimentierten sie in der Küche und – es schmeckte immer noch. Mittlerweile arbeiteten sie in der Pharmaindustrie, und am Wochenende fuhren sie übers Land und bewunderten alte Bauernhäuser.

Weil der Mensch Herausforderungen braucht, kauften sie schließlich einen kleinen Hof und begannen die Kernsanierung. Bei dieser Gelegenheit nahmen sie auch gleich die Kernsanierung ihres Berufslebens in Angriff und kamen zum Entschluss: Wir wollen was machen, was schmeckt! Das frisch renovierte Haus wurde nach hinten ein bisschen vergrößert und ausgebaut, man machte die Prüfung zum »Bier-Sommelier«, einen Kurs in Berlin, ein Seminar hier, ein Betriebsstättengenehmigungsverfahren da – und schon konnte der edlen Braukunst gefrönt werden.

»Bierbrauen ist fast wie Kochen«, erzählt Jörg. »Man tüftelt an der Rezeptur, probiert, verwirft, probiert wieder … Kathrin ist da sehr kreativ, gut die Hälfte unserer Rezepte ist von ihr.« Die Ergebnisse tragen klingende Namen: Weizentanz, RotAlechen, Golden Bay, Relax oder Cherry Me. Das ausgefallene Highlight ist allerdings das Mangalitza Milk Stout, ein cremiges Stout, das seinen Rauchgeschmack der Zugabe ausgesuchter Stücke vom Mangalitza-Schwein beim Hopfenkochen verdankt.

Den Hauptumsatz macht die 4,5-Hektoliter-Brauerei natürlich mit dem hauseigenen Hellen, das in besonderen Lokalen und speziellen Feinkostläden angeboten wird. Aber die Brauküche 35 kann noch mehr. Es gibt Führungen, Spezialverkostungen, vor allem aber Braukurse, die schon etliche mit dem Brauvirus infiziert haben. Und das Bier? Prost!

Adresse 2022 Schalladorf, Schalladorf 35, www.braukueche35.at, post@braukueche35.at, Tel. 0680/2122242 | **Anfahrt** S3 bis Abfahrt Wullersdorf, durch Wullerdorf durch, dann L35 bis Schalladorf | **Öffnungszeiten** Sa 10–12 Uhr und nach Vereinbarung, Führungen und Seminare nach Vereinbarung | **Tipp** Der nahe Galgenberg von Oberstinkenbrunn bietet einen herrlichen Rundumblick und für diese Gegend seltenen Bewuchs.

90 __ Die Johannes-Nepomuk-Kapelle

Der Brückenheilige am Rande des Golfplatzes

Zugegeben, amtlich ist es nicht, dass der Heilige Johannes Nepomuk Einfluss auf das Handicap hat, aber das Gegenteil hat auch noch niemand bewiesen. Aber wenn es wahr ist, dass die Schönen und Reichen, die Mächtigen und die Korrupten des Landes ihre Geschäfte oft bei einer Golfpartie aushandeln, dann könnten sie sich keinen verschwiegeneren Zeugen ihrer Absprachen wünschen.

Der Legende nach ließ sich Jan Nepomucký 1393 nämlich lieber durch Ertränken hinrichten, als das Beichtgeheimnis zu brechen und dem eifersüchtigen König Wenzel die vermutete Untreue seiner Gattin zu bestätigen. Das Ertrinken des Priesters wurde durch einen Wurf von der Karlsbrücke erreicht. Es ist nicht bewiesen, dass tatsächlich fünf Flammen den auf der Moldau treibenden Leichnam des Märtyrers umringten, aber die Behauptung damaliger Zeugen sorgte zumindest dafür, dass Johannes Nepomuk neben der Gottesmutter der einzige Heilige ist, dessen Haupt von einem Sternenkranz umgeben dargestellt wird. Außerdem wird er als Brückenheiliger verehrt, und seine Zunge (die sogenannte »Nepomukszunge«) wurde schon lange vor den Rolling Stones zum weitverbreiteten Markenzeichen.

Johann Lukas von Hildebrandt, ein begnadeter Baumeister des Barock, der zum Beispiel die Peterskirche in Wien und ebendort das Obere Belvedere errichtete, entdeckte beim Spaziergang im Park des ebenfalls von ihm gebauten Schlosses Schönborn ein lauschiges Plätzchen und schuf dort eines der schönsten Kunstdenkmäler des Weinviertels. Unter einem von vier Säulen getragenen Baldachin steht auf einem sarkophagartigen Sockel die Figur, hoch über ihr eine durchbrochene, mit Blumengirlanden und Cherubköpfen reich verzierte Haube mit abschließender Krone. Seit der Park 1989 in einen exklusiven Golfplatz verwandelt wurde, hat der verschwiegene Heilige nun also noch mehr Geheimnisse zu hüten.

Adresse 2013 Schönborn, Koordinaten 48.47705, 16.13517 | **Anfahrt** S3, E59 bis Abfahrt Obermallebarn, rechts abbiegen Richtung Obermallebarn, kurz vor Ortsanfang scharf links, Richtung Schloss/Golfclub Schönborn, Schlosspark ganz durchqueren, bis circa 200 Meter danach, bei 90-Grad-Kurve | **Tipp** Die Kapelle »Maria Schmerzen« am Eck vis-à-vis des Schlossparkes ist über die L1088 zu erreichen. Sie wurde in einer für die Gegend ganz untypischen Bauweise errichtet.

91__Die Apsis
Bußgeld für Erpressung bestens investiert

Zwei Seelen wohnten, ach, in seiner Brust. Hadmar II. von Kuenring rang mit sich selbst, in seinem Inneren kämpfte Gut gegen Böse. Einerseits gründete der Mann die Stadt Weitra und förderte das Stift Zwettl, andererseits war er bereit, beim nächsten Kreuzzug für das Christentum zu metzeln. Außerdem ließ er den gerade durchreisenden englischen König Richard Löwenherz 1192 im Auftrag von Leopold V. gefangen nehmen und über ein Jahr lang in Dürnstein schmachten.

Schließlich übergab er Löwenherz an den Stauferkaiser Heinrich VI., der ein rekordverdächtiges Lösegeld erpresste, mit dem er seinen Sizilienfeldzug finanzierte. »Nicht die feine englische Art«, wird Richard in ungesicherten Quellen hierzu zitiert.

Hadmar aber bereute die Sache zutiefst. Möglicherweise war es seine geplante Teilnahme am nächsten Kreuzzug, die ihn in sich gehen und innehalten ließ. Immerhin bestand ja auch die Möglichkeit, dass er nicht mehr lebend zurückkommen werde. Eingedenk dieser Tatsache stiftete er in einem Dorf, das später Schöngrabern genannt wurde, rasch eine Kirche, mit deren Bau man 1210 begann. Die Zeit drängte, der Startschuss für den neuerlichen Kampf ums Gelobte Land war für 1217 geplant.

Man arbeitete rasch und mit beträchtlichem Personalaufwand, insgesamt 19 Steinmetzbetriebe waren beschäftigt. Aber erst um 1230 herum, schon nach Hadmars Tod (tatsächlich starb er 1217 krankheitsbedingt noch vor den ersten Gefechten), wurden die Reliefs an der Außenwand der Apsis vollendet. Sie gingen als »Steinerne Bibel« in die Geschichte ein und haben trotz zahlreicher Um- und Zubauten, trotz Übermauerung und trotz 1805 in Brand geschossener Kirche bis heute überstanden. Natürlich sind Auftraggeber und Erbauer der ursprünglichen Kirche historisch nicht belegt, aber das Thema der steinernen Bildgeschichte war genau Hadmars: der ewige Kampf Gut gegen Böse.

Adresse 2020 Schöngrabern, Schöngrabern 174, www.gemeinde-grabern.at, Tel. 02952/2132 | **Anfahrt** A22 und S3 bis Abfahrt Schöngrabern, dort zur Kirche | **Öffnungszeiten** Führungen nach Vereinbarung | **Tipp** Die lauschigen Plätze unter alten Nussbäumen in der Schöngrabener Kellergasse sind von Frühling bis Herbst einen Besuch wert.

92 Der Barfußweg
Auf den Spuren des Dr. Kneipp

»Der Schuh ist eine Fußverkümmerungsmaschine«, behauptete schon Doktor Sebastian Kneipp, darum »lasst eure Füße sehen« (und staunen). Um das zu erreichen, wurde der Barfußweg in Schrattenberg geschaffen. Nachdem man im Ort angelangt ist und sich an den etwas klein gehaltenen Schildern orientiert hat, findet man auch bald den Beginn des Weges, der etwas außerhalb, Richtung Grenze, liegt.

Man entledigt sich seiner Schuhe und sonstiger Fußbehältnisse und startet auf einem kurzen Schotterweg zur ersten von insgesamt elf Stationen, die Beweglichkeit und Motorik fordern und fördern. Spätestens jetzt wird klar, dass für unsere zivilisierten Füße fünf Kilometer ohne den üblichen Schutz eine kleine Herausforderung sind, also nimm sie ernst – und Schuhe mit.

Bald befindet man sich auf einem »angenehmen«, staubigen Feldweg, der auf den vor uns liegenden Hügel, den Raisten, führt. Weiter geht es Richtung Waldrand, man marschiert an der tschechischen Grenze entlang, schaut auf Weingärten und biegt bald links in den Wald ein. Ein kleiner Schritt und schon befindet man sich im Nachbarland.

Nach kurzem Waldspaziergang steht man unvermutet vor der Raisten-Kolonnade! Man fühlt sich nach Schönbrunn zur Gloriette versetzt, die auch das Vorbild für den liechtensteinschen Bau unter dem Architekten Kornhäusel war. Erklimmt man die Wendeltreppe, hat man einen wunderschönen Dreiländerblick auf die zum Weltkulturerbe ernannte Landschaft um Valtice-Lednice. Folgt man dem Wanderweg weiter, gelangt man zur alten Grenzstation, in der ein an die düstere Zeit erinnerndes »Museum des Eisernen Vorhangs« untergebracht ist. Von nun an geht's bergab, vorbei an dem »Druidentor« ziehen sie uns, die zwei treuen Begleiter am Südende unseres Körpers, Richtung Ausgangspunkt. Dort gibt es Kaffee und Kuchen zum Auffüllen der Speicher, um für die nächste Herausforderung bereit zu sein.

Adresse 2172 Schrattenberg, Kleine Zeile, www.barfussweg.at, Koordinaten 48.729299, 16.725761 | **Anfahrt** A5 Richtung Poysdorf, Ausfahrt Poysdorf Nord, kurz auf die Poysbrunnerstraße, dann links nach Schrattenberg, im Ort eher links halten, der Weg beginnt außerhalb des Ortes | **Tipp** Wenn man schon so nahe ist, schadet ein kleiner Auslandsaufenthalt nicht. Valtice, bis 1919 Feldsberg genannt und zu Österreich gehörend, sollte man nicht auslassen.

93__Der Hofstadel

Ein Schiff im Weinviertel?

Als wäre der selige Noah selbst hier mit seiner Arche gestrandet und umgekippt, liegt der Hofstadel seit 200 Jahren in Siebenhirten kieloben.

Wie es zu dieser für unsere Gegend seltsamen Scheunenform kam, ist schnell und leicht erklärt. Es war um das Jahr 1826, man wollte einen Stadel errichten und suchte dafür einen geeigneten Zimmerer. Anscheinend waren die aus der Gegend gerade restlos ausgebucht, man hatte eine lange Wartezeit vor sich. Da bot sich ein durchs Land ziehender, italienischer Schiffsbaumeister an. Dieser versicherte, er brauche nur einen Teil der üblichen Menge an Holz, welche zum Errichten einer Scheune notwendig ist – und das bei gleicher Stabilität. Weiters versprach der gute Mann, dass bei seiner Bauweise auch kein Platz für Steher und Balken verschwendet würde. So erhielt er also vom Hofbesitzer Steingassner (die Familie wurde durch ihre Ziegelöfen bekannt und wohlhabend) den Zuschlag und errichtete dieses außergewöhnliche, an eine gotische Kathedrale erinnernde Bauwerk.

Lange Jahre diente der Stadel den diversen Hofbesitzern, schützte Gerät und geerntete Feldfrüchte, bis er am Ende des Zweiten Weltkrieges durch einen Granattreffer schwer beschädigt wurde. Es folgte eine notdürftige Reparatur, und so konnte er bis ins Jahr 1992 weitergenutzt werden. Irgendwann war dann die Rede von Abriss und Demolierung. Und so wäre es auch gekommen, hätten sich nicht ein paar Kultur- und Heimatbeflissene gefunden. Man zerlegte, ergänzte und stellte den Stadel wieder her und nützt ihn nun für Kulturveranstaltungen und Feste aller Art, was sein Fortbestehen hoffentlich absichert. Seit dem Jahr 2006 wacht der Denkmalschutz über das Unikum, das mittlerweile auch von Schiffsbauern und Architekten wegen seiner Bauweise, die man als »Freigesprengter Dachstuhl« bezeichnet, gern besichtigt wird. Vielleicht dient es ihnen ja als Inspiration für eigene Bauvorhaben.

Adresse 2130 Siebenhirten, Hintausstraße 181, www.7hirten.at | **Anfahrt** A5 Richtung Brünn, bei Schrick L46, durch Mistelbach, L46 folgend bis Siebenhirten, bei Kirche links in die Hintausstraße, bei Vinothek links | **Öffnungszeiten** Besichtigung nach Vereinbarung, oder bei Veranstaltungen | **Tipp** In Ameis liegt eine schöne Kellergasse, die zu einem Rundgang einlädt.

94__Die Waldesruh
Friedhof der Kuscheltiere

Aber »Kuscheltiere« ist eigentlich eine völlig unzureichende Bezeichnung für das, was die hier liegenden Wesen für ihre Lebensmenschen waren. Vielmehr: treue Begleiter, Familienmitglieder, Spaßmacher, Seelentröster, Kindersatz, Wächter, Spielkameraden und Freunde. Für manche Paare waren sie Beziehungskit, für manche Kinder Sozialisierungshelfer, für manche Alleinstehende machten sie das Leben erst sinnvoll, und für fast alle waren sie ein willkommenes Gesprächsthema, Foto- und Videomotiv. Denn (und auch diese schlichte Wahrheit steht am Tierfriedhof »Waldesruh« geschrieben): »Tiere, die wir lieben, bleiben für immer, denn sie hinterlassen Spuren in unseren Herzen.«

Auf den Schildern und Grabsteinen stehen ihre Namen: Schnurrli und Bärli, Muzi und Spitzbub, Leni und Bobby. Aber auch Rambo, Brutus und Rocky sind hier begraben. Wer seinen kleinen Liebling nach dem Ableben nicht der Tierkörperverwertung übergeben will und überdies einen Fixplatz sucht, an den er kommen kann, um sich der gemeinsamen Stunden zu erinnern, der ist hier richtig. Der Österreichische Tierschutzverein hat schon vor vielen Jahren hier den Tierfriedhof »Waldesruh« eröffnet und damit nicht nur etwas Gutes für trauernde Tierfreunde und ihre verstorbenen Begleiter getan, sondern hilft damit auch lebenden Tieren. Die Grabmiete auf der »Waldesruh« unterstützt nämlich den Verein bei seiner Arbeit für (meist schutzbedürftige) Tiere. Eine schöne Geste im Kreislauf des Lebens.

Man wandelt also zwischen Individual- und Gemeinschaftsgräbern, zwischen einer Urnenwand und Kleintiergräbern, zwischen Namen, Bildern, Blumen und Gegenständen der Erinnerung. Man liest letzte Grüße und ist bei vielen der Inschriften gerührt, weil sie die tiefe Liebe zwischen Mensch und Tier widerspiegeln. Trotz des durch das Eschensterben gelichteten Waldes (die Wiederaufforstung läuft) ist dies ein zutiefst friedliches Plätzchen.

Adresse 2011 Sierndorf, außer Ort, www.wienertierfriedhof.at, Tel. 01/8973346, Koordinaten 48.42388, 16.15677 | **Anfahrt** A22, S3 bis Abfahrt Sierndorf, im Ort bei Kreuzung Richtung Zissersdorf auf Schulstraße L31 abbiegen, nach Ortsende unter S3-Brücke durch und rechts auf Schotterstraße abbiegen (Schild »Waldesruh«) | **Öffnungszeiten** Besichtigung nach Vereinbarung | **Tipp** Das Kulturzentrum im Belvedereschlössel von Stockerau ist äußerst sehenswert.

95 Das Mittelalterhaus

Im Haus des liegenden Mannes

Beim »liegenden Mann« sprechen wir nicht von einem routinierten Tachinierer, vielmehr von einer Werbeikone des 15. Jahrhunderts. Der dazugehörige Slogan könnte lauten: »Komm rein, mein Guter, hier liegst du richtig!«, auf Neudeutsch: »Chill, Oida!« Dabei handelte es sich bei dem Haus gar weder um einen Wellness-Tempel noch um eine noble Privatklinik, die betuchte Patienten umwerben musste, sondern um ein schlichtes Bürgerspital. Aber die ungeheuer entspannt liegende Figur an der Fassade des Hauses Hauptplatz 13 macht beinahe Lust aufs Kranksein. 1995 waren Angelika und Wolfgang Büchler ein bisschen leichtsinnig und kauften das Haus, »um es ein bisschen herzurichten und darin zu wohnen«. Das »bisschen Herrichten« dauerte rund zehn Jahre, während derer sie immer wieder mal vorübergehend ins Gasthaus zogen. Aber Umbauten haben in diesem Gebäude schon Tradition, was auch der unterschiedlichen Nutzung geschuldet ist. Nach der fast hundertjährigen Geschichte als Kranken- und Waisenhaus wurde es zum Schulbau adaptiert, und mit dem entspannten Liegen war es vorbei. Als sich die Sitzendorfer in den 1770er Jahren so fleißig vermehrten, dass die Schule zu klein wurde, erfolgte die Umwidmung in ein Rathaus. Nun wurde hier wieder geschl… – ähm – nachgedacht. In späteren Jahren hielt dann eine Gemischtwarenhandlung Einzug, und wieder wurde umgebaut.

Obwohl die Fassade mit dem markanten Erker ein Schmuckstück im Ort ist, scheint das Haus an Minderwertigkeitskomplexen zu leiden, es sieht aus, als würde es vor Scham im Erdboden versinken wollen. Aber das täuscht, wahr ist vielmehr, dass das Straßenniveau des Sitzendorfer Hauptplatzes in den letzten 500 Jahren durch Ablagerungen ständig gestiegen ist. Und so liegt der ehemalige Eingang von Nummer 13 heute quasi »im Keller«. Der Einfachheit halber betritt man das Mittelalterhaus also durch den früheren ersten Stock, um hier das beeindruckende Ergebnis der Revitalisierung durch die Büchlers zu bestaunen.

Adresse 3714 Sitzendorf, Hauptplatz 13, Kontakt: Wolfgang Büchler, Tel. 06991/7899899 |
Anfahrt A22 bis Stockerau, B4 Richtung Horn, Abfahrt Ziersdorf, im Ort Richtung Holla-
brunn abbiegen, über Gettsdorf und Frauendorf bis Sitzendorf, Hauptplatz | **Öffnungs-
zeiten** Führungen nach tel. Vereinbarung | **Tipp** Der in Pranhartsberg beginnende
Biotopwanderweg im Landschaftspark Schmidatal hat auch einen Orchideenlehrpfad.

96_ Das Passhaus

Inspirationsquelle alte Schmiede

Wählt der Mensch sein Lebenshaus, oder wählt das Haus seine Lebensmenschen? Die Malerin Irena Ráček und der Schriftsteller Milan Ráček versichern, dass es das Haus war, das sie ausgesucht hat. Eine ganz natürliche Sache, schließlich war das Haus damals ein wenig älter als die beiden – und weiser.

Die Gegend ist seit dem Neolithikum besiedelt, im Umland fanden sich Kreisgrabenanlagen, deren Entstehung auf 4800 vor Christus geschätzt wurde. Im Mittelalter gewann der Markt durch die von Mautern nach Böhmen führende »Salzstraße« an Bedeutung. Um 1240 wurde ein reichlich dimensionierter Hauptplatz angelegt, um große Märkte abhalten zu können. Die Grundmauern von Haus Nummer 6 sind somit fast 800 Jahre alt. Dagegen ist der Oberbau, speziell der obere Stock, geradezu jung, er stammt aus dem 16. Jahrhundert. Ursprünglich zu den Gebäuden des Pfarrhofes gehörend, wurde die Nummer 6 schließlich das Haupthaus einer Schmiede. Esse, Werkstatt und Lager waren in Nebengebäuden. Etliche Generationen lang blieb das Haus im Besitz der Schmiede-Dynastie Pass. Bis es beschloss, dass es Zeit für eine Veränderung war.

Die Kunst hielt Einzug ins Passhaus. Eigentlich nur als Wochenenddomizil gedacht, wurde das Gebäude bald zum Lebensmittelpunkt der Familie Ráček. Man legte die alten Deckenbalken frei, schlug Putz ab und legte trocken. Das Passhaus wurde Wohnung, Atelier, Schreibstube und kultureller Mittelpunkt der Ortschaft. 1979 fand die erste Ausstellung statt, 1980 folgte die erste musikalische Veranstaltung und 1984 sogar eine Theaterproduktion.

Seither entstanden hier ein gutes Dutzend Bücher und Hunderte Kunstwerke. Der Schriftsteller und Museologe und die Malerin, die mit Erdfarben und Pinsel nach der Geschichte des Landes forscht, haben in dem geschichtsträchtigen Haus die Inspirationsquelle für ihre Arbeit gefunden und schlagen die Brücke vom Neolithikum zur Gegenwart.

Adresse 3714 Sitzendorf, Hauptplatz 6, www.passhaus.at, Kontakt: Milan und Irena Ráček 0676/7254426, irena.racek@passhaus.at | **Anfahrt** A22 bis Stockerau, B4 Richtung Horn, Abfahrt Ziersdorf, im Ort Richtung Hollabrunn abbiegen, über Gettsdorf und Frauendorf bis Sitzendorf, Hauptplatz | **Öffnungszeiten** Führungen und Atelierbesuch nach tel. Vereinbarung, Veranstaltungen online | **Tipp** Führungen über den historischen Hauptplatz beginnen am Gemeindeamt (Anmeldung erforderlich).

97 — Die Schokoladen-manufaktur

Du weißt ja nicht, wie zart du bist

Der Name ist Programm. Der Rest international. Also schon ein bisschen weinviertellastig, weil man auf möglichst regionale Zutaten Wert legt, aber Kakaobohnen wachsen nun einmal nicht bei uns.

Wir sind im Café der Schokoladenmanufaktur Zart gelandet und fühlen uns sofort wohl. In der Nähe des Staatzer Sportplatzes drehen sich seit Oktober 2011 die Conchiermaschinen bis zu drei Tage die Woche durchgehend, um möglichst hochwertige Schokomasse zu erzeugen. Durch die Kreativität der Chocolatière Marieke, die das alles mit ihrem Mann Emile in Gang gebracht hat, entstehen dann die wunderbar glänzenden Pralinen, die so zart zum Gaumen sind und jedem ein beglücktes Grinsen ins Gesicht zaubern. Marieke schwört auf »Bean-to-Bar«, soll heißen, die gesamte Fertigung erfolgt unter einem Dach. Die Bohnen, aus nachhaltigem Anbau, direkt von kleinen Händlern in Tansania, Madagaskar oder Ecuador bezogen, werden hier im Haus geröstet, die Masse gerührt, Weinviertler Zutaten wie Dirndl, Zwiebel, Hanf und Verjus hinzugefügt, und schon können die kleinen Kunstwerke entstehen.

Marieke hat eine Hotelfachschule absolviert, außerdem eine Konditorlehre, das restliche Know-how hat sie sich in Workshops angeeignet. Als sie und ihr Mann Emile vor einigen Jahren nach Österreich zogen, vermissten sie die kleinen Läden mit feiner Schokolade, die sie von Holland und Frankreich kannten. Also griffen sie zur Selbsthilfe. Mit Erfolg! Die Kreationen der Manufaktur haben mittlerweile schon mehrere internationale Auszeichnungen gewonnen. Dass die beiden ihren Betrieb nicht in Wien, sondern im sonst eher für beste Musicalproduktionen berühmten Staatz eröffnet haben, ist ein Glücksfall für die Gegend. Obwohl sie möglichst wenig Zucker für ihre Produkte verwenden (nein, das ist kein Widerspruch), wäre das Leben im Weinviertel ohne Zart-Pralinen gleich weniger süß.

Adresse 2134 Staatz-Kautendorf, Burgring 17, www.zartpralinen.at, kontakt@zartpralinen.at, Tel. 0664/5933414 | **Anfahrt** A5 bis Schrick, abfahren auf B7, dann B46 bis Staatz, links in Ortschaft, rechts in die Neudorfer Straße, rechts zum Sportplatz | **Öffnungszeiten** Mi, Fr, Sa und jeden 1. und 3. So im Monat 14–18 Uhr | **Tipp** Sehenswert ist die Ruine Staatz, man sollte diese jedoch vor dem Café besuchen, die Gefahr des Sitzenbleibens bei den Pralinen ist einfach zu groß.

98__Die Platane

Das Bäumchen zur Befreiung Wiens

Es waren sorgenvolle Tage. Im Juli 1683 hatten 120.000 Mann der osmanischen Armee des Großwesirs Kara Mustafa Pascha die Stadt Wien umzingelt. Es war die Zeit der sogenannten Zweiten Türkenbelagerung. Anfang September hielten in Wien unter Graf Starhemberg nur noch 5.000 wehrfähige Männer der Übermacht stand.

Zu diesem Zeitpunkt nahten allerdings schon Truppen des Kirchenstaates, der Republik Venedig und aus Polen-Litauen. Die Heerführer hießen König Johann III. Sobieski und Herzog Karl V. von Lothringen. Im Schloss Juliusburg bei Stetteldorf traf man sich, um letzte strategische Punkte vor dem Entsatz zu klären. Über einen Punkt konnte man sich nicht einigen: Wer denn nun der eigentliche Kommandant sei. Der Lothringer bestand auf seinem Führungsanspruch, Jan Sobieski hingegen hatte von Kaiser Leopold I. eine vertragliche Zusicherung erhalten. Der Disput zog sich hin, die Zeit für Wien wurde knapp. Schließlich griff der Beichtvater von Leopold I., der päpstliche Legat Marco d'Aviano, ein. Er bat die Herren zum vertraulichen Gespräch in den weitläufigen Hofgarten. Unter einer kaum 50 Jahre jungen Platane wurde man sich schließlich einig, und das Heer zur Befreiung Wiens marschierte los. Mit Erfolg. Wien wurde befreit und ist auch heute noch zu bewundern. Wie übrigens die Platane auch.

Über 400 Jahre steht sie nun am Fuße des Wagrams und lässt sich bestaunen. Bis zu 20 Meter sind die unteren Äste, die sich fast waagrecht wegstrecken, mittlerweile lang. Wie alle Platanen neigt sie ein wenig zum Exhibitionismus, entblättert sich regelmäßig und wirft alljährlich sogar ihre Rinde ab. Aber diese Flausen können noch vergehen – sie ist ja noch jung. Auf Kreta steht eine Verwandte von ihr, die angeblich über 2.000 Jahre alt ist. Ironie der Geschichte übrigens: Bei dem Schicksalsbaum handelt sich um eine sogenannte »morgenländische« Platane.

Adresse 3463 Stetteldorf am Wagram, Koordinaten 48.40311, 16.0215 | **Anfahrt**
A22 bis Stockerau, S5 bis Ausfahrt Tulln, B19 (Tullnerfeldstraße) bis Stetteldorf, an
Kreuzung Russbacherstraße, Schlossstraße, Absdorferstraße auf Letztere abbiegen,
dieser circa 300 Meter folgen, Blick nach rechts | **Tipp** Für Hochzeiten, Firmenfeiern,
Fotoshootings und andere besondere Anlässe ist das barock-klassizistische Schloss
Thürnthal zu mieten (Führungen Mai–Nov., www.schlossthuernthal.at).

99__Die Andersbank

Vom Außenseiter zum Landespatron

Lange bevor in Stockerau der höchste Kirchturm von Nieder-österreich und somit auch des Weinviertels in den Himmel ragte, zog ein irischer Prediger, möglicherweise auch ein Königssohn, man weiß es nicht mehr so genau, wallfahrend durch Österreich, in Richtung des Heiligen Landes. Sein fremdländisches Ausse-hen und das nicht landesübliche Gewand ließen ihn verdächtig erscheinen, und man vermutete einen böhmischen Spion hinter dem frommen Pilgersmann. In der damaligen Zeit ein belieb-ter Generalverdacht: War jemand suspekt, wurde er zum böh-mischen Spion erklärt. Der Wanderer wurde festgenommen und unter Folter zu seinem Auftrag befragt, von dem er naturgemäß nicht viel erzählen konnte. Nachdem die Auskünfte nicht befrie-digend genug waren, wurde er an einem dürren Hollerbusch, zwi-schen zwei Mördern, gehängt.

Erst als der verdorrte Busch, bei dem er so gewaltsam zu Tode gekommen war, wieder Grün zeigte und man keine Verwesungs-spuren an seinem Körper erkennen konnte, wurde allen klar, dass er ein heiliger Mann gewesen sein musste. Bald darauf kam es auch zu Wunderheilungen an seinem Grab in Stockerau, woraufhin sein Leichnam exhumiert und im Stift Melk zur letzten Ruhe gebettet wurde. Bis ins 17. Jahrhundert war der hl. Koloman der Landespatron von Niederösterreich und wurde erst dann vom hl. Leopold abgelöst (möglicherweise erprobte man damals gerade das Rotationsprinzip an den Landesheiligen).

Überliefert blieb der Ort des grausamen Geschehens, es wurde ein Kloster gegründet, und an dessen Rückseite steht auch heute noch ein schöner Hollerbusch, der ein Spross jenes Baumes sein soll, an dem der Heilige zu Tode kam. Auch eine Gedenktafel erinnert an die unbesonnene Tat und nicht zuletzt die dort aufgestellte »Anders-bank«. Sie animiert zum Nachdenken übers »anderssein«. Auch der Weinviertler Jakobsweg führt direkt an dieser Stelle vorbei.

Adresse 2000 Stockerau, Kolomaniwörth | **Anfahrt** über die A22, Stockerau Nord abfahren bis zum 1. Kreisverkehr, dort 1. Ausfahrt nehmen, dann links in den Kirchensteig einbiegen, am Ende links zur Klostermauer | **Tipp** Wandere bei der Abfahrt »Ost« in die Stockerauer Au, gehe zum Kraftwerk und weiter bis Greifenstein.

100__Der Flugplatz
Lima, Oscar, Alpha, Uniform

Er ist der größte »richtige« Flugplatz des Weinviertels – außerdem der einzige. Der Flugsport hat hier eine fast hundertjährige Tradition: 1923 eröffnete der damalige Bundespräsident Hanisch feierlich die erste österreichische Segelflugwoche auf dem Waschberg bei Stockerau. Unter großem medialen Interesse konnten die tollkühnen Männer wetterbedingt leider nur an zwei von neun Tagen fliegen. Der längste Flug dauerte immerhin 48 Minuten.

Mehr als 50 Jahre später gründete man den Flugsportverein Stockerau und begann, einen Teil des alten Truppenübungsplatzes Senning zu einem Flugplatz umzubauen. Was anfangs nicht mehr als ein Schuppen neben einer großen Wiese war, hat sich dank des Engagements der Vereinsmitglieder zu einem modernen Flugplatz mit bester Infrastruktur gemausert. Neben Hangars und Betriebsgebäuden verfügt der Platz über Werkstätte, Kantine, Schulungsräume und eine Tankstelle. Eine 800 Meter lange Asphaltpiste erlaubt hier ganzjährigen Flugbetrieb unter Sichtflugbedingungen. Auch der (Flug-)Maschinenpark des »FSV2000« kann sich sehen lassen: Ein gutes Dutzend Motorflieger und etliche Segler stehen den Hobbypiloten zur Verfügung. Apropos Piloten – um 1923 herum hieß es ja noch »Piloten ist nichts verboten«, auch das hat sich grundlegend geändert. Um sich mit den zahlreichen Ge- und Verboten der Aviation auszukennen, braucht es längst eine gediegene Ausbildung. Daher ist auch eine Flugschule am Flugplatz beheimatet.

Wer also davon träumt, selbst einmal über den Wolken das Steuer in die Hand zu nehmen, ist hier genau richtig. Ebenso wie jene, die auf der Jagd nach lohnenden Fotomotiven sind oder einfach einmal die Atmosphäre eines Sportflugplatzes schnuppern wollen. Lima, Oscar, Alpha und Uniform stehen übrigens für die Buchstaben LOAU, also das Kennzeichen des Platzes in der internationalen Zivilluftfahrtorganisation.

Adresse 2000 Stockerau, Senningerstraße 59, außer Ort, www.fsv2000.at, office@fsv2000.at, 0226662475 | **Anfahrt** A22 dann S3 bis Sierndorf, durch Ortschaft, Richtung Stockerau, vor Bahnübergang links, vorbei an Bahnhof und Lagerhaus, dann L31 Richtung Hatzenbach, bei Kreuzung rechts Richtung Stockerau | **Tipp** Der nahe »Golf Club Spillern« ist speziell für Einsteiger bestens geeignet.

101__Die Fassbinderei

Wo Diogenes sein Fass bestellt hätte

… natürlich nur, wenn es diese Fassbinderei zu seiner Zeit schon gegeben hätte. Hart an der Grenze zum Kamptal und dem Waldviertel, an den Ausläufern des Manhartsberges, liegt der Weinort Straß im Straßertale mit seinen Traditionsweinbetrieben, deren Bemühungen immer wieder mit Prämierungen belohnt werden, wie zuletzt der weltmeisterliche Riesling aus der Riede Gaisberg. Um Interessierten aber das Rundherum um den Weinbau näherzubringen, wurde in der seit einigen Jahren verwaisten Binderei der Familie Schmid eine attraktive Vinothek mit angeschlossenem Museum eröffnet.

Der jahrtausendealte Beruf des Fassbinders ist mittlerweile nahezu ausgestorben, Wein wird heutzutage vor der Flaschenabfüllung in Edelstahltanks gelagert, und selbst die Holzfässer, die zum Endausbau mancher Sorten dienen, werden größtenteils maschinell gefertigt. Aber hier, im Fassbinderei- und Weinbaumuseum, scheint die Zeit stehen geblieben zu sein. Als hätten die Arbeiter soeben die Werkstätten verlassen, um einen G'spritzten oder ein Achterl unter einem kühlenden Nussbaum zu genießen, so wirkt das Areal. Es ist noch alles da, von der Bandsäge über die Hobel und die Eisenreifen bis zum Holzlager.

Hier türmen sich die gestapelten Eichenbalken, welche man zur Herstellung von Fassdauben benötigt. Die Reifen (Bänder) wiederum wurden mit dem Bandhaken über die zusammengefügten Dauben gezogen, um das Fass in Form zu halten. In einem Begleitfilm sieht man die mühevollen und kraftraubenden Arbeitsgänge, die zum Entstehen eines Weinfasses notwendig sind. Vom Holzzuschnitt über das Zusammenfassen der Dauben bis hin zum fertigen, in diesem Fall 5.000 Liter fassenden Fass.

Ein sehr geerdetes Museum, das zum Bleiben und Verkosten der regionalen Weine in der angeschlossenen Vinothek einlädt. Am besten gleich im Garten noch einen G'spritzten oder ein Achterl unter dem Nussbaum genießen.

Adresse 3491 Straß im Straßertale, Langenloiser Straße 199, www.weinkontraste.at, info@weinkontraste.at | **Anfahrt** A22 bis Knoten Stockerau, S5 Richtung Krems, Ausfahrt Fels am Wagram, Kreisverkehr Richtung Kamptal B34 bei Kreisverkehr Hadersdorf, auf B35 nach Straß, am Ortsanfang parken | **Öffnungszeiten** April–Okt. Mi–Mo 13–19 Uhr | **Tipp** Elsarn mit dem Freilichtmuseum »Germanisches Gehöft« liegt gleich in der Nachbarschaft (vier Kilometer auf der Talstraße B35).

102___ Das Weidendorf

Verbunden durch den Weidenweg

»Mein Sohn, mein Sohn, ich seh' es genau: Es scheinen die alten Weiden so grau.« Nicht nur zu Goethes Zeiten waren Weiden ein gewohnter Anblick an Bach- und Seeufern. Die Korbweide bot Generationen von Korbflechtern die Basis für ihr Handwerk. Seit in den 1970er Jahren auch kleinste Gewässer geradezu manisch reguliert wurden, ist die Weidenpopulation auch am Land stark zurückgegangen. Umso bemerkenswerter ist das Weidendorf Thern.

Um das Jahr 2004 herum starteten Wolfgang Gaber und Franz Huber eine Initiative, um die Weide zum bestimmenden Thema des Unter- und Obertherner Ortsverbundes zu machen. Die Pflanzen selbst wurden hier schon seit längerer Zeit angepflanzt, nun bekamen sie einen Podestplatz. Man erklärte einen vorhandenen Feldweg zum »Weidenweg«, an dem entlang man sich auf vielfältige Weise mit dem Thema auseinandersetzte. Im »Weidengarten« werden verschiedene Arten kultiviert. Asch-, Korb- und Sal-Weide – Letztere hat ihren großen Auftritt alljährlich vor Ostern, wenn die »Palmkätzchen« in der Kirche geweiht werden oder einfach nur einen ersten Frühlingsschmuck für das Haus abgeben. Als Frühblüher dient die Sal-Weide vor allem aber als erste Nahrungsquelle für die Bienen.

Hauptattraktion ist der großzügig angelegte »Weidenspielplatz«. Auf dem Areal wurde ein natürlicher, ausgetrockneter Teich revitalisiert, die Ufer durch Pflanzung von Weiden (no na) befestigt, ein Hügel mit extralanger Rutsche errichtet, eine hochfliegende Wippe, eine Seilrutsche und Schaukeln installiert. Weidentipi und Labyrinth runden das Gesamterlebnis ab.

Schön ist auch die gepflegte Gemeinschaft in Thern. Der Obmann der Bogenschützen, Engelbert Zellhofer, mäht den Spielplatzrasen, Weidendorfobmann Markus Koller bereitet das Sonnwendfeuer vor, alle stehen hinter dem Projekt – zwei Schwesterndörfer, vereint zu einem Weidendorf.

Adresse zwischen den Ortschaften 3701 Oberthern und Unterthern | **Anfahrt** A22, S3 bis Hollabrunn, Abfahrt Mitte, im Kreisverkehr auf L27, Richtung Großweikersdorf bis zum Weidendorf | **Tipp** Zurück Richtung Hollabrunn und links den Berg hinunter finden wir das Radiomuseum in Sonnberg.

103__Der Pfarrhof
Das Exil des Freiheitskämpfers

Andreas Hofer hat sicherlich den bekannteren Namen, aber im Tiroler Freiheitskampf von 1809 war der aus dem Südtiroler Gsies stammende »Pater Rotbart«, wie der Kapuziner Joachim Haspinger genannt wurde, der verbissenere und fanatischere Kämpfer.

Gestritten und gekämpft haben beide für ihr geliebtes Tirol und dessen Bevölkerung. Zugegeben, manchmal mit Verirrungen. So zum Beispiel als sie zum Widerstand gegen die von der bayrischen Regierung verordnete Pockenimpfung aufriefen. Haspingers Image wurde gepflegt und gehegt, auf Darstellungen sieht man ihn mit wirrem Haar und mächtigem Bart, Säbel in der einen, Kreuz in der erhobenen anderen Hand, Kapuzinerkutte am Leib, an vorderster Front gegen Bayern und Franzosen vorwärtsstürmend. Der Ausgang der Schlachten am Berg-Isel wäre ohne ihn ein anderer gewesen, dort trug er die Tiroler förmlich zum Sieg.

Danach kamen allerdings bald Niederlage und Flucht, die bei Hofer fatal letal in Mantua endete. Auf Haspinger waren 2.000 Gulden Kopfgeld ausgesetzt, er fand Unterschlupf im Vinschgau, später in Wien, wo er 1810 sogar eine Audienz bei Kaiser Franz I. erhielt. Nach fünf Jahren als Seelsorger in Wien kam er als Pfarrvikar nach Traunfeld. Dort ließ er sich alsbald einen zweigeschoßigen Pfarrhof errichten. Sein Argument für den ersten Stock war, dass er, wie daheim, von oben ins Tal schauen wolle. Bald pachtete er auch Weingärten und erstand einen Keller zur Lagerung des Endproduktes. Scheinbar hat es ihm geschmeckt, denn die folgenden 21 Jahre blieb er Traunfeld treu und war Seelsorger in der nahe gelegenen »Heiligen Berg [sic] Kirche«.

Nach seiner Pensionierung zog er mit einer Truppe Tiroler Jäger nochmals als Feldprediger gen Italien, bevor er sich in Salzburg niederließ, wo er auch verstarb. Begraben wurde er allerdings bei seinen alten Kampfgefährten, Hofer und Speckbacher, in der Innsbrucker Hofkirche.

Adresse 2123 Traunfeld, Pater Haspinger Straße 17, www.haspinger.at | **Anfahrt** A22, A5 Richtung Brünn, Ausfahrt Hochleiten auf B7, dann L30 nach Traunfeld, links auf Hauptstraße, nach 1 Kilometer rechts in Kindergartenstraße bis Pfarrhof, 4 Häuser rechts vom Pfarrhof liegt der Keller | **Tipp** Wer sich für besondere Menschen interessiert: Am Friedhof des benachbarten Schleinbach fand die stigmatisierte Juliana Weiskircher ihre letzte Ruhestätte.

104__ Der Getreidespeicher
Street-Art als Landmarke der besonderen Art

Die A22, die sogenannte Stockerauer Autobahn, die in Wien zur Donauuferautobahn wird, ist viel befahren. Die Karawanen ziehen von Prag über Hollabrunn, von Krems und Tulln über Stockerau zur Bundeshauptstadt oder in die Gegenrichtung. Zigtausende Augenpaare täglich, Millionen im Jahr, sehen die Bauten entlang dieser Strecke in all ihrer Schön- oder Hässlichkeit. Einen Wandel vom hässlichen Entlein zum eleganten Schwan hat der 1972 erbaute Getreidespeicher bei Korneuburg geschafft.

Hilfe bei dieser Metamorphose leistete der Tiroler Künstler Golif, der sich selbst nicht als Street-Art-Künstler sieht, sondern sich den klassischen Künsten verbunden fühlt. Wenig ist über ihn bekannt. Er stammt aus dem Ausserfern, war Schildermaler und Vergolder, hat die Universität für Angewandte Kunst abgeschlossen und lebt nun in Wien. Bei ihm steht die Kunst im Vordergrund, und die darf sich gern so richtig ausbreiten: Als Leinwand nutzte er bereits Hausmauern, Container und Böden, wie eine Freifläche in Neu Marx in Wien, wo ein 30.000 Quadratmeter großes Bild mit dem Titel »Beobachter« entstand. Kein Zweifel – große Formate liegen ihm.

Korneuburgs Getreidespeicher wurde auf 50 Meter Höhe und 45 Meter Breite mit 1.500 Kilogramm Farbe in eben jene Landmarke verwandelt, als die er sich jetzt darstellt. Zwei weibliche Figuren mit Schlagschatten geben dem Agrarspeicher eine eigene Dynamik und fordern das Auge zum Verweilen und den Betrachter zum Rätseln: Sind es Tänzerinnen, Spioninnen, Nonnen oder Models? Ermöglicht hat das Kunstwerk im öffentlichen Raum die Firma Agrar-Speicher, die dem Künstler auch jene Freiheit zugestand, die Kunstschaffende nicht immer mit solcher Selbstverständlichkeit vorfinden.

Das Engagement der Speicherbesitzer hat sich aber auch gelohnt. Die Speichergebäude sind durch die Figuren mittlerweile schon das heimliche Wahrzeichen Korneuburgs geworden.

Adresse 2100 Korneuburg, Donaulände 18 | **Anfahrt** A22 bis Korneuburg Ost (Blick Richtung Donau, nicht zu übersehen) | **Tipp** Eine Fahrt mit der vis-à-vis vom Speicher anlandenden Rollfähre ist ein besonderes Erlebnis.

105 Das Romantiktheater

Vom Ziegelofen zur Operettenbühne

Die Prachtbauten der berühmten Wiener Ringstraße wurden größteils zwischen 1860 und 1890 errichtet, beschäftigten Tausende Arbeiter und verschlangen Unmengen an Baumaterial. In dieser Zeit meldet auch Johann Puchwein in Untermarkersdorf ein Ziegelbrennergewerbe an, um als Lieferant zugelassen zu werden. Für Abnehmer in der näheren Umgebung hatte er freilich schon länger gebrannt. Puchweins Nachfolger, Johann Paul Ernst, ließ um 1902 einen sogenannten Ringofen bauen, was höhere Kapazitäten ermöglichte. Seine Ziegel mit der Prägung J.P.E. finden sich im gesamten Weinviertel. Eine weitere Hochblüte, die in der Errichtung eines Maschinenhauses gipfelte, erlebte der Betrieb in den 1950er Jahren.

Nach der Schließung 1976 begann ein jahrzehntelanger Dornröschenschlaf für Ofen und Schornstein. Arbeiterhäuser und Trockenhalle, Maschinenhaus und Nebengebäude verfielen – am Gelände hielt ein Reitstall Einzug.

Die Pferdekoppeln gibt es bis heute, sie bilden den perfekten Rahmen für die Neunutzung des Areals. Der österreichische Komponist und Dirigent Roland Baumgartner kaufte die Liegenschaft und begann eine liebevolle Restaurierung. Nach alten Fotos und Erinnerungen von Zeitzeugen aus dem Dorf wurden diverse Gebäude wieder aufgebaut und finden nun Verwendung als Taverne, Garderoben, Wohnhaus und Lager. Statt der ehemaligen Trockenhalle jedoch – betritt man nun einen urigen Saal mit Bühne und rund 140 Personen fassendem Zuschauerraum. Über dem ganzen baulichen Ensemble thront nach wie vor der hohe Schornstein inmitten des Ringofens. Seit 2014 betreibt Baumgartner als Intendant hier das »Romantik Theater«. Dem Publikum wird ein durchinszenierter Abend geboten: Von persönlicher Begrüßung über Rahmenprogramm und Festdinner bis zum gemütlichen Ausklang nach dem Stück entführen Ort und Personal tatsächlich in eine zauberhafte Welt der Vergangenheit.

Adresse Untermarkersdorf 128, 2061 Hadres, Tel. 0664/2380551 romantiktheater.jimdo.com |
Anfahrt B45, in Untermarkersdorf circa Ortsmitte abbiegen laut Hinweisschild »Romantik
Theater«, Straßenverlauf folgen, vorbei am Betriebsgelände Fa. Baumgartner, Einfahrt
links | **Öffnungszeiten** Mai–Okt., Anmeldung unter Tel. | **Tipp** Im elf Kilometer entfernten
Zwingendorf findet sich ein Dorfmuseum mit der »Joslowitzer Heimatstube«. Außerhalb
der Ortschaft hat man einen wunderschönen Blick auf das tschechische Schloss Joslowitz.

106 Der Gupferte Berg

Attilas Grab im Retzer Land?

»Als er seinen Feldzug gegen das Ostreich plante, begaben sie sich nach Norden, wo er in einem Dorf ein Mädchen von solcher Anmut erblickte, dass er sie sogleich zu seiner Nebenfrau nahm. Noch am selben Abend ward Hochzeit gehalten, und es gab ein großes Fest und eine freudvolle Nacht. Als aber Ildico erwachte, fand sie ihren Gemahl ganz regungslos, und ein gewaltiger Blutsee hatte sich auf seinem Kissen ausgebreitet. Da stimmte sie ein gar traurig Wehklagen an, und man lief herbei und fand sie bei ihrem toten Mann, den sie beweinte. Alsbald ward es im ganzen Reiche bekannt, dass Attila nicht mehr war, und man trauerte allerorten um den Herrscher. Begraben jedoch wurde er an Ort und Stelle, wo er sich befunden, das war bei Radoldsdorf, wo man ihn begrub, in einem goldenen, silbernen und eisernen Sarg. Über dem Sarg aber schütteten 100 Mannen in drei Tagen einen ganzen Berg auf, der weit übers Land sich erhob und kündete: ›Hier liegt ein großer Herrscher.‹«

Diese Legende ließ den Retzer Stadtsekretär Puntschert nicht mehr los, und er beschloss, Attilas Grab zu öffnen, um an das Gold und Silber der Särge heranzukommen. Zur Finanzierung der Unternehmung gründete man 1872 sogar eine Aktiengesellschaft und startete eine unsachgemäße Grabung, die Archäologen die Haare zu Berge stehen ließ. Noch heute kann man den Graben, der in die Ostseite des »Gupferten« getrieben wurde, sehen. Der »Vulkankrater« auf der Plattform zeugt ebenfalls vom wüsten Vorgehen der Schatzgräber. Gefunden wurde nichts, zumindest kein Attila und kein Schatz, stattdessen stellte sich heraus, dass viele ähnliche Legenden das Grab des Hunnenkönigs in anderen europäischen Dörfern verorten.

In Wahrheit dürfte der »Gupferte« eine Hausberganlage der Siedlung Radoldsdorf gewesen sein, die im 14. Jahrhundert aufgegeben wurde. Was aber nicht heißt, dass Attila hier nicht begraben sein kann.

Adresse zwischen 2070 Unternalb und Ragelsdorf, Koordinaten 48,73288, 15,98541 | **Anfahrt** von Retz kommend auf der B30 Richtung Watzelsdorf, circa 200 Meter nach Ortsende Unternalb links auf asphaltierten Fahrweg abbiegen, nach rund 1,5 Kilometern links abbiegen auf Feldweg und Auto abstellen, dann bis zum Rande der Hochebene, dort Sichtkontakt | **Tipp** Rund zehn Kilometer entfernt liegt eine der kleinsten Städte Österreichs: Schrattenthal.

107_Der Weltgeschichts-
gasthof
Gäste aus Uganda im Weinviertel

In vielen Gasthäusern wird gern am Stammtisch politisiert, aber dass beim Wirten Weltpolitik gemacht wird, ist eher selten. Eine moderne Herbergssuche endete 1985 in dem schmucken Wirtshaus »Zum grünen Jäger«, das in der Weinviertelgemeinde Unterolberndorf liegt und von der Familie Magister geführt wird. Es war Juni, als einige Schwarzafrikaner hier im Kreuttal um ein Zimmer fragten. Obwohl fast mittellos, wurden sie zu einem günstigen Preis einquartiert, und man sah ihnen auch nach, dass sie ihre Verpflegung selbst organisierten. Als Gegenleistung besorgten sie ihren Abwasch selbst.

Man hielt sie für Zeitungskolporteure. Ein Irrtum, wie sich später herausstellte. Niemand ahnte, dass es sich bei den Männern um den Kern der NRM, des »National Resistance Movement«, handelte. Diese sieben Exilanten hatten die Gewaltherrschaft von Idi Amin überstanden und planten den Sturz von Milton Obote, um das Land Uganda in eine bessere Zukunft zu führen. Nun entwarfen sie in diesen Junitagen das »Unterolberndorfer Manifesto«, welches mit seinen zehn Punkten als Grundlage für die neue ugandische Verfassung dienen sollte. Nach dem Ende der Regierung Obote übernahm einer der Teilnehmer dieses Treffens die Regierungsgeschäfte als Präsident. Jener war Yoweri Kaguta Museveni, der nach wie vor das Land regiert und der Gemeinde Olberndorf verbunden blieb. Anlässlich eines Staatsbesuchs kehrte er nochmals in die 1897 errichtete Gastwirtschaft zurück. Sechs Jahre nach dem Staatsbesuch brachte sich 2010 das afrikanische Land wieder in Erinnerung, als der ugandische Botschafter am Vorplatz des Gasthauses das vom Künstler Wolfgang Krebs ersonnene Denkmal enthüllte.

Seit damals kann man dort ugandischen Boden betreten, man brachte nämlich einen Quadratmeter ugandische Erde mit, den man dort in einen Metallrahmen einließ und mit einer Gedenktafel versah.

Adresse 2123 Unterolberndorf, Hauptplatz 4, www.gasthof-magister.at, Tel. 02245/89318 | **Anfahrt** A5 Richtung Brünn, Abfahrt Ulrichskirchen an Schleinbach vorbei, L6 weiter bis links zur Kreuzung Kreuttal nach Unterolberndorf, am Ortsanfang links | **Tipp** In der Pfarrkirche von Pillichsdorf erstreckt sich ein Turmmuseum über zwei Etagen und das Glockengeschoß (Voranmeldung: Turmmuseum@gmx.at).

108_ Der Kirchturm
Der schiefe Turm von Waitzendorf

Waitzendorf ist ein hübscher Ort, mit maximal einem kleinen Schönheitsfehler. Ansonsten: die Gassen teilweise mit schönem Katzenkopfstein gepflastert, die Stadel gemauert und gekalkt und dazu eine pittoreske Kellergasse. Man könnte meinen, sie sei in die bergwärts führende Straße eingewachsen. Die Keller zeigen sich diesmal ohne Presshaus, ihre Eingänge sind direkt an die Straße angebunden, mit Steinbögen und schweren Holztüren. Diese Bergstraße muss man befahren, will man außerhalb der Ortschaft die dem heiligen Benedikt geweihte Europawarte im Wald besuchen. Hat man sie einmal erklommen, so kann man wunderbar »unplugged« fernsehen.

Wieder zurück zum eingangs erwähnten »Schönheitsfehler«, der diesen Ort umso interessanter macht. Denn auch das Weinviertel hat, was Pisa schon lange vor der gleichnamigen Studie weltberühmt machte – einen schiefen Turm.

Wie im Weinviertel üblich, ging man es hier ein wenig unauffälliger an, der Kirchturm von Waitzendorf neigt sich nur um 1,1 Grad und nicht wie sein bekannter Bruder um vier Grad, aber schief ist schief. Außerdem bemüht er sich aufzuholen, sprich: er neigt sich weiter, obwohl die Grundmauern des 1711 errichteten Turmes bereits verstärkt wurden.

Wer nach eingehender Bewunderung des Bauwerkes Land und Leute bei einem Spaziergang kennenlernen mag, sollte die Möglichkeit nutzen, eine oder alle drei Etappen des Marterlweges zu bewandern. Vorbei an nicht weniger als 27 Marterln, die so typisch für das Weinviertel sind, aber auch vorbei an vorchristlichen Kultplätzen wie dem »Sonnwendberg« mit seiner Ringwallanlage oder der »Stoananan Stubn«, einer alten Hausberganlage. Oder Sie besuchen das auf Route 2 zu findende Friedenskreuz, das man anlässlich des 200-jährigen Jubiläums von »Stille Nacht« errichtete. Auf jedem Teilstück »ergeht« man circa fünf Kilometer Weinviertel in seiner typischsten Form.

Adresse 2073 Waitzendorf, gemeinde@schrattenthal.at | **Anfahrt** A22, S3 über Hollabrunn bis Schöngrabern, links nach Mittergrabern, Roseldorf, rechts nach Röschitz, dort scharf rechts nach Pulkau, dort Kreuzung gerade queren und weiter auf der L41, dann Richtung Leodagger nach Waitzendorf | **Tipp** Die Europawarte St. Benedikt liegt an der Straße nach Obermixnitz links im Wald.

109_Die Glaubenstrutzburg

Gleich rechts neben dem Kraftplatz

Weithin sichtbar ist sie, und felsenfest steht sie da und schaut ins schöne Weinviertel: die Kirche von Wartberg, die dem heiligen Leonhard geweiht ist. Mit den Namen ist es hier so eine Sache. Also die Ortschaft heißt Wartberg, nach dem Berg, auf dem ursprünglich einmal eine Warte (ein Wachturm) gestanden ist. Der Berg heißt aber mittlerweile Kirchberg, weil die Warte schon seit mehr als einem halben Jahrtausend verschwunden ist und dafür eine Kirche gebaut wurde. Das heißt, man hat sich langsam vorgetastet – zuerst einmal errichtete man auf dem besonderen Platz eine Kapelle, dann ein Kirchlein und schließlich im 16. Jahrhundert die spätgotische Kirche, das Langhaus bereits in der jetzigen Form.

Besiedelt war die Gegend schon seit dem Neolithikum, und weil der exponierte Platz zum Ins-Land-Spähen ideal war und überdies auch eine weithin sichtbare Bühne für Freudenfeuer und alte Bräuche aller Art bot, darf man auf ein reges Treiben am Wartberg schließen. Die Ortschaft selbst wurde im 12. Jahrhundert gegründet, und bald nach der Errichtung der Kapelle am Berg begann man, Märkte abzuhalten. Der in der Gegend einzigartige Geschirrmarkt erfreute sich bis ins 18. Jahrhundert großer Beliebtheit. Apropos, beliebt waren Ortschaft und Kirche auch bei feindlichen Soldaten und Plünderern, die Hussiten, die Böhmen und die Schweden haben hier gewütet, und es ist ein kleines Wunder, dass der Bau all diese Stürme überstanden hat.

Vielleicht liegt es aber auch an der besonderen Energie, die dem Platz eigen ist. Geomantiker sehen die freie Fläche nördlich des Gotteshauses, wo gern Sonnwendfeuer abgehalten werden, in einer Energielinie mit den wenige Kilometer entfernt liegenden Kraftplätzen der Kogelheide.

Als markantes Wahrzeichen ist die Kirche nicht nur ein beliebtes Fotomotiv, sondern diente auch als schaurig-schöne Filmkulisse in »St. Petri Schnee« von Peter Patzak.

Adresse 3730 Wartberg, außer Ort, Tel. 02959/2228, Koordinaten 48.630343, 15.887454 | **Anfahrt** von Eggenburg über die L42 bis Stoitzendorf, dort links auf L50 bis Wartberg | **Öffnungszeiten** Kirche nach tel. Vereinbarung | **Tipp** Richtung Eggenburg, in Sichtweite, befindet sich die sogenannte Kogelheide mit der berühmten Fehhaube.

110__Der Galgenberg

Heute baumeln nur noch die Seelen

Wo lässt sich besser mit der Seele baumeln als beim Wein? Früher baumelten hier möglicherweise die armen Sünder, aber ganz sicher ist das nicht – dokumentiert ist nämlich keine Exekution bei der amtlichen Richtstätte. Möglich, dass der gute Wein die Richter stets milde stimmte. Und ungefähr 1828 hatten die Wildendürnbacher eine glänzende Idee: Sie entfernten den namensgebenden Galgen vom Berg, der dadurch augenblicklich seinen gruseligen Charakter verlor, und begannen Kellerröhren zu graben und Presshäuser zu errichten. Ziemlich viele und ziemlich rund um den ganzen Berg herum.

Von der Ferne betrachtet, erinnert der Galgenberg an ein malerisches Dorf in der Toskana, kleine Häuschen, die sich rundum an den Hügel schmiegen, und am höchsten Punkt das unvermeidbare Kirchlein. Kommt man aber näher – ist alles ganz anders. Denn dieses Dorf ist ein Dorf ohne Rauchfänge, solche werden nämlich bei Presshäusern naturgemäß nicht benötigt.

Und weil in diesem »Dorf« niemand wohnt, gibt es auch keine Kirche, ja nicht einmal ein Kirchlein. Tatsächlich handelt es sich einfach um eine Kirchturmspitze, welche die Sprengung der alten Kirche von Wildendürnbach in den 1970er Jahren wie durch ein Wunder unbeschadet überstanden hat. Daraufhin hatten die Wildendürnbacher erneut eine glänzende Idee, und seither schaut die Spitze als Wahrzeichen des malerischen Ensembles weit übers Land. Und weil den Kindern meistens langweilig wird, wenn die Großen beim Wein mit der Seele baumeln, hatte man die dritte glänzende Idee und baute gleich neben der Spitze eine herrlich lange Rutsche mit etlichen aufregenden Kurven, und seither lieben auch die Kleinen den Galgenberg.

Kein Wunder also, dass man das »Dorf ohne Rauchfang« 2013 zur »Kellergasse des Jahres« kürte – und das ist im Weinviertel, mit seinen über 1.000 Kellergassen, tatsächlich etwas Besonderes.

Adresse 2164 Wildendürnbach, Galgenberg, Koordinaten 48.77129, 16.5077 | **Anfahrt** von Laa/Thaya, L23 bis Neudorf/Staatz, L24 bis Wildendürnbach, Schilder Richtung Galgenberg | **Tipp** Ein anderes ganz besonders angeordnetes Kellerensemble ist die »Loamgrui« in Unterstinkenbrunn.

111__Der Keller

Die mittelalterlichen Fluchtanlagen
unter dem Hauptplatz

Im Jänner 2001 ging es beim »Stiegenwirt« hoch her. Kein Wunder, gab es doch einen Feuerwehreinsatz zu besprechen, der nicht mit einer Katastrophe einherging und trotzdem spektakulär war. Gleich vis-à-vis war ein Auto teilweise im Asphalt eingebrochen, als wär's eine Eisdecke. Das dabei entstandene Loch war ein wenig größer – vor allem aber tiefer, als es bei einem eingestürzten Kanal der Fall gewesen wäre. Der Wullersdorfer Hobby-Historiker Johann Six ließ es sich nicht nehmen, in die Tiefe zu steigen und den Hohlraum zu untersuchen. Es sollte ein langer Ausflug werden.

Im Mittelalter stand am heutigen Wullersdorfer Hauptplatz »die Burg«, eine Vogtei, die als Verwaltungszentrum von Wullerdorf diente. Dazu gehörten auch ausgedehnte Kelleranlagen (deren Ursprünge noch weiter in die Vergangenheit führen) zur Lagerung von Vorräten, aber auch als Rückzugsort, um sich bei Bedrohung zu verstecken. Verbunden waren diese unterirdischen Gänge und Kammern mit den Röhren der Bürgerhauskeller rund um den Hauptplatz. So entstand ein regelrechtes Kellerlabyrinth, in dem der Rückzug, aber auch eine unbemerkte Flucht über den Kirchberg aus dem Ort möglich war. Die jüngsten derartigen Dienste leistete die Fluchtanlage in den letzten Tagen des Zweiten Weltkrieges, als die russische Armee auf Wullerdorf vorrückte und man Frauen und Kinder vorübergehend in Sicherheit brachte. Später wurden die Gebäude auf dem Platz geschliffen, die Kellerzugänge verschlossen und vorübergehend wohl auch vergessen.

Dank des Einsatzes des mittlerweile verstorbenen Johann Six und des örtlichen Geschichtsvereins wurden die Keller mittlerweile kartografisch erfasst, ausgebaut und öffentlich zugänglich gemacht. Der Eingang erfolgt über den sogenannten Erzherzog-Fertinant-Keller, der auch das Ziegelmuseum (eine Sammlung handgeschlagener, geprägter Ziegel aus drei Jahrhunderten) beherbergt.

Adresse 2042 Wullersdorf, Hauptplatz, www.wullerdorf.at, Tel. 0676/3875800 oder 0664/73678550 | **Anfahrt** A22, S3 bis Hollabrunn, dort L39 über Aspersdorf und Hetzmannsdorf | **Öffnungszeiten** Wullerdorfer Geschichtsverein, Führung nach tel. Vereinbarung | **Tipp** Das rundumsanierte »Wullersdorfer Armenhaus« ist nur wenige Schritte entfernt und bietet interessante Einblicke und Ausstellungen.

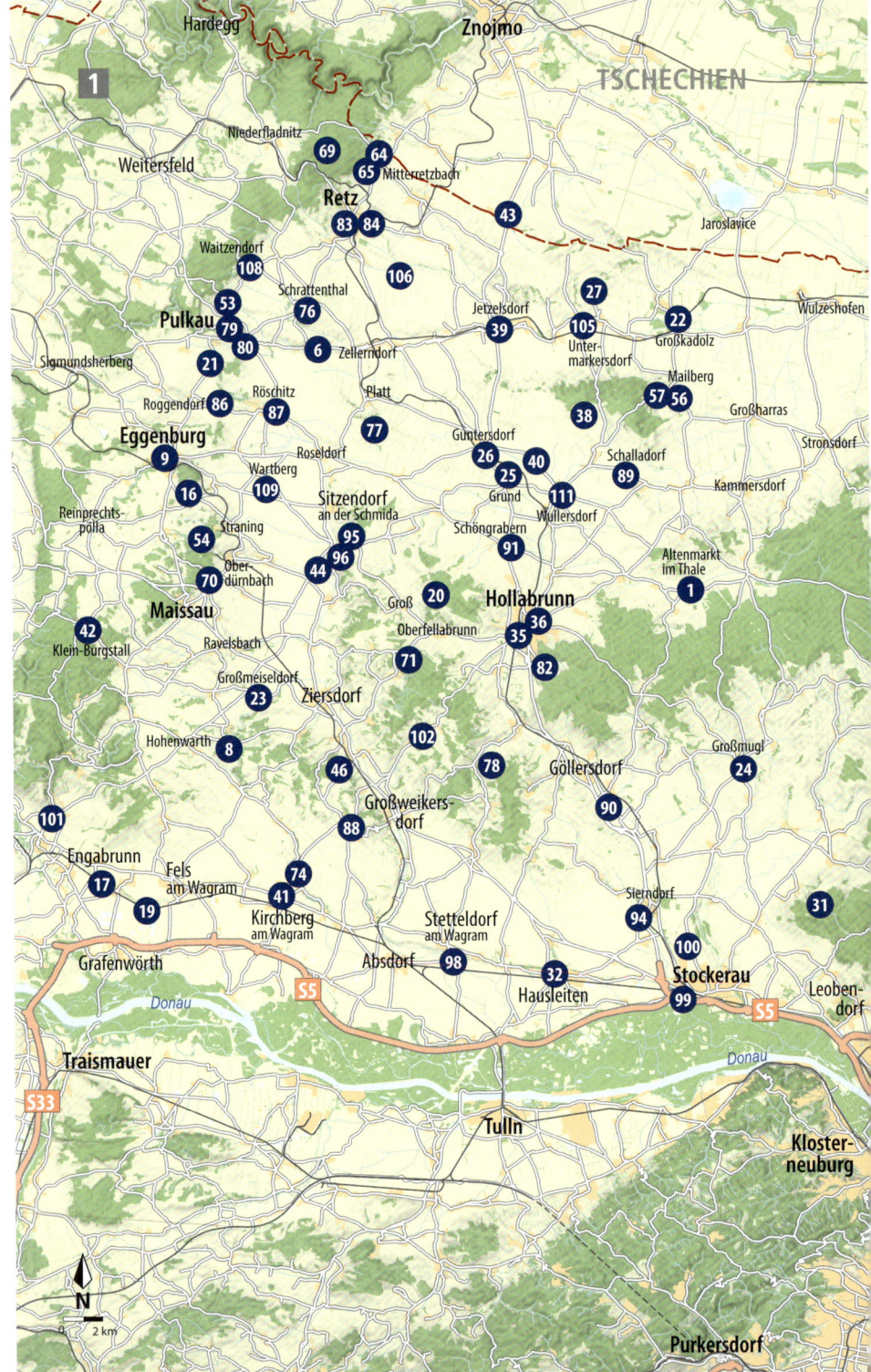

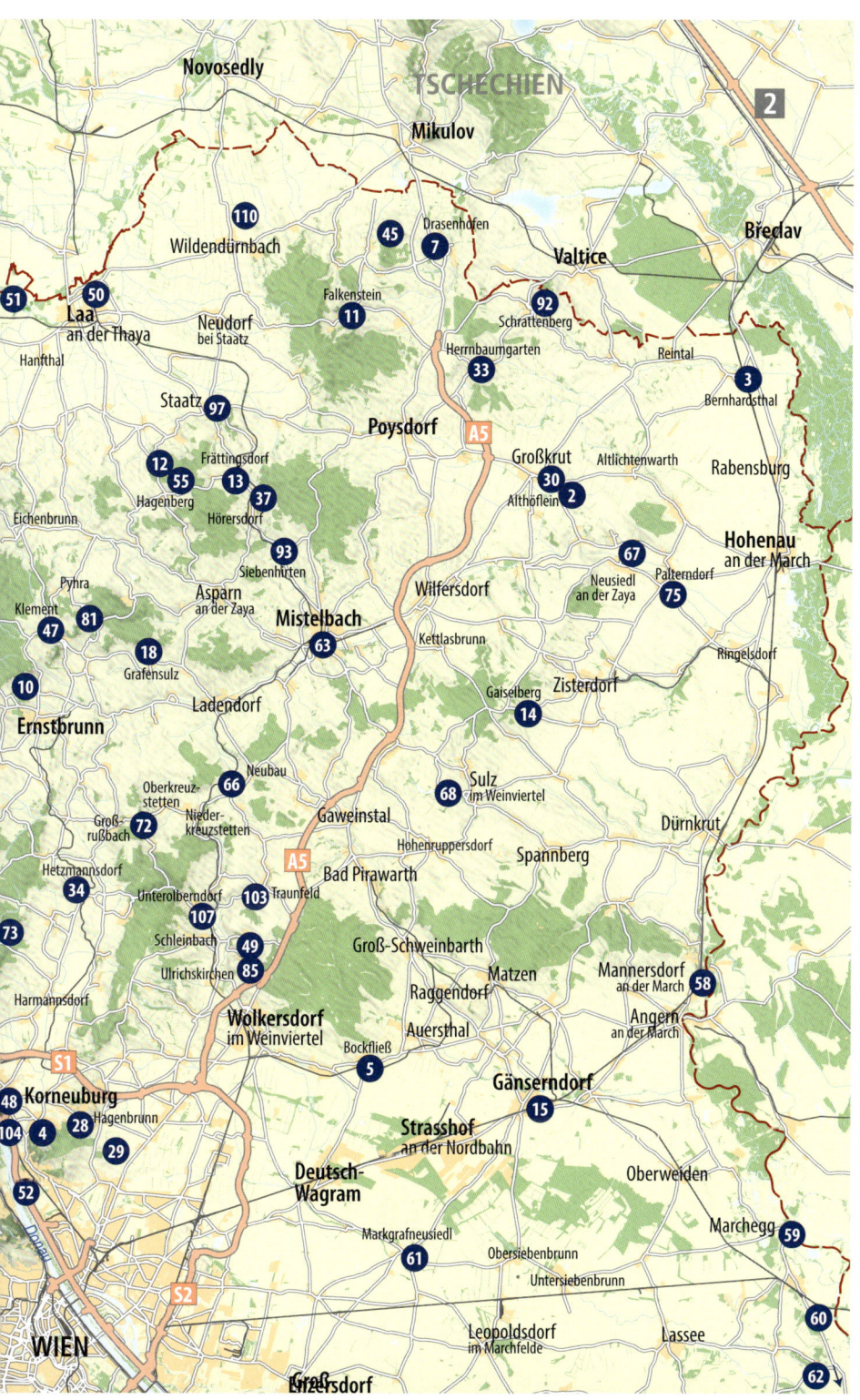

Sabine M. Gruber
**111 Orte der Musik in Wien,
die man erlebt haben muss**
ISBN 978-3-7408-0348-3

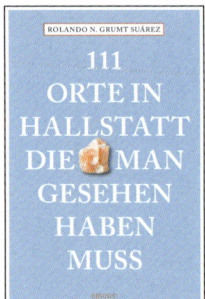

Rolando Grumt Suárez
**111 Orte in Hallstatt, die
man gesehen haben muss**
ISBN 978-3-7408-0858-7

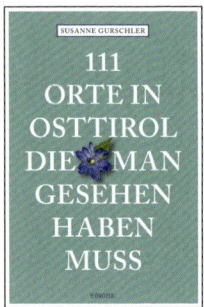

Susanne Gurschler
**111 Orte in Osttirol, die
man gesehen haben muss**
ISBN 978-3-7408-0847-1

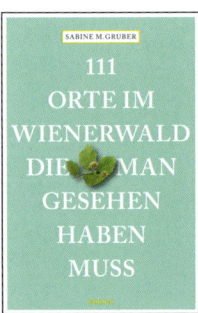

Sabine M. Gruber
**111 Orte im Wienerwald, die
man gesehen haben muss**
ISBN 978-3-7408-0844-0

Daniela Dejnega, Luzia
Schrampf, Tobias Fassbinder
**111 Weine aus Österreich, die
man getrunken haben muss**
ISBN 978-3-7408-0618-7

Sophie Reyer, Johanna Uhrmann
**111 Wiener Orte
und ihre Legenden**
ISBN 978-3-7408-0674-3

Monika Schmitz
**111 Orte im Lungau, die
man gesehen haben muss**
ISBN 978-3-7408-0573-9

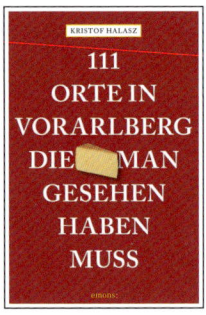

Kristof Halasz
**111 Orte in Vorarlberg, die
man gesehen haben muss**
ISBN 978-3-7408-0568-5

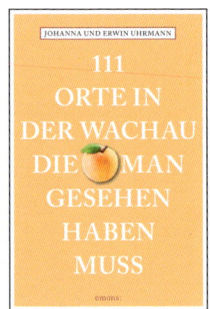

Erwin Uhrmann,
Johanna Uhrmann
**111 Orte in der Wachau, die
man gesehen haben muss**
ISBN 978-3-7408-0565-4

Robert Preis, Niki Schreinlechner
111 schaurige Orte in der Steiermark, die man gesehen haben muss
ISBN 978-3-7408-0445-9

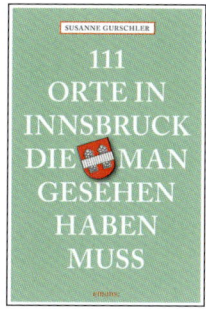

Susanne Gurschler
111 Orte in Innsbruck, die man gesehen haben muss
ISBN 978-3-7408-0343-8

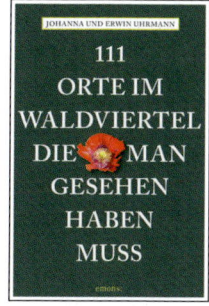

Erwin Uhrmann, Johanna Uhrmann
111 Orte im Waldviertel, die man gesehen haben muss
ISBN 978-3-7408-0346-9

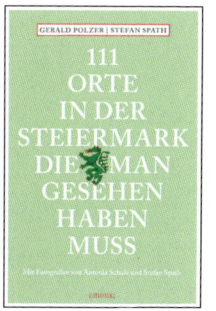

Gerald Polzer, Stefan Spath, Antonia Schulz
111 Orte in der Steiermark, die man gesehen haben muss
ISBN 978-3-7408-0140-3

Gerald Polzer, Stefan Spath
111 Orte in Oberösterreich, die man gesehen haben muss
ISBN 978-3-95451-857-9

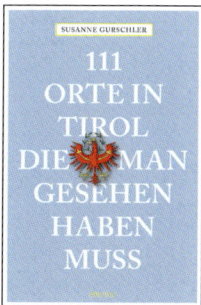

Susanne Gurschler
111 Orte in Tirol, die man gesehen haben muss
ISBN 978-3-95451-834-0

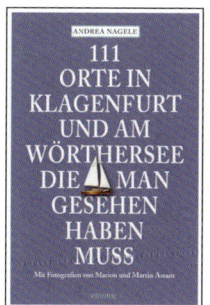

Andrea Nagele, Marion Assam, Martin Assam
111 Orte in Klagenfurt und am Wörthersee, die man gesehen haben muss
ISBN 978-3-95451-591-2

Marion Rapp
111 Schätze der Natur rund um den Bodensee, die man gesehen haben muss
ISBN 978-3-95451-619-3

Gerald Polzer, Stefan Spath
111 Orte in Graz, die man gesehen haben muss
ISBN 978-3-95451-466-3

Gerald Polzer, Stefan Spath,
Pia Claudia Odorizzi von Rallo
**111 Orte im Salzkammergut,
die man gesehen haben muss**
ISBN 978-3-95451-231-7

Stefan Spath
**111 Orte in Salzburg, die
man gesehen haben muss**
ISBN 978-3-95451-114-3

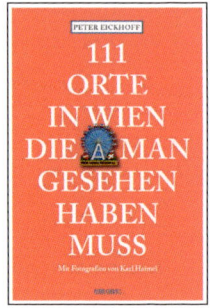

Karl Haimel, Peter Eickhoff
**111 Orte in Wien, die man
gesehen haben muss**
ISBN 978-3-7408-0746-7

Ambroise Tièche, Katharina
Hohmann, Fritz von Klinggräff
**111 Orte in Genf, die man
gesehen haben muss**
ISBN 978-3-7408-0835-8

Nina Kobelt, Silvia Schaub
**111 Orte rund um den Säntis,
die man gesehen haben muss**
ISBN 978-3-7408-0550-0

Silvia Götschi
**111 Orte in Nidwalden, die
man gesehen haben muss**
ISBN 978-3-7408-0566-1

Sonja Muhlert, Adrian Künzi
**111 Orte in und um Biel/Bienne,
die man gesehen haben muss**
ISBN 978-3-7408-0340-7

Corinne Päper, Georg Holubec
**111 Orte in Winterthur, die man
gesehen haben muss**
ISBN 978-3-7408-0237-0

Marcus X. Schmid,
Michel Riethmann
**111 Orte in Luzern und rund
um den Vierwaldstättersee,
die man gesehen haben muss**
ISBN 978-3-7408-0866-2

Uwe Ramlow
**111 Orte im Tessin, die
man gesehen haben muss**
ISBN 978-3-95451-840-1

Mercedes Korzeniowski-Kneule
**111 Orte in Basel, die
man gesehen haben muss**
ISBN 978-3-95451-702-2

Oliver Schröter, Falk Saalbach
**111 Orte in Zürich, die
man gesehen haben muss**
ISBN 978-3-95451-538-7

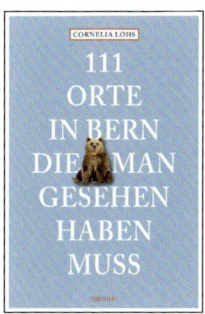

Cornelia Lohs
**111 Orte in Bern, die man
gesehen haben muss**
ISBN 978-3-95451-669-8

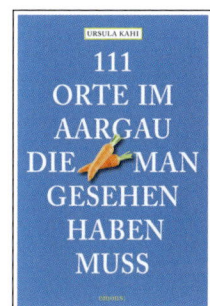

Ursula Kahi
**111 Orte im Aargau, die
man gesehen haben muss**
ISBN 978-3-95451-537-0

Christian Löhden
**111 Orte in Graubünden, die
man gesehen haben muss**
ISBN 978-3-95451-514-1

Dorothee Fleischmann,
Carolina Kalvelage
**111 Orte in Budapest, die
man gesehen haben muss**
ISBN 978-3-95451-744-2

Matěj Černý, Marie Peřinová
**111 Orte in Prag, die man
gesehen haben muss**
ISBN 978-3-95451-927-9

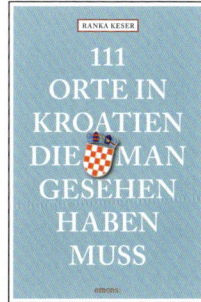

Ranka Keser
**111 Orte in Kroatien, die
man gesehen haben muss**
ISBN 978-3-7408-0557-9

Astrid Süßmuth
111 Almen und Hütten in Oberbayern, die man gesehen haben muss
ISBN 978-3-7408-0823-5

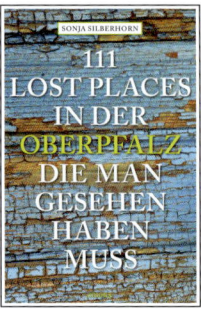

Sonja Silberhorn
111 Lost Places in der Oberpfalz, die man gesehen haben muss
ISBN 978-3-7408-0838-9

Christine Hochreiter, Frank Klein
111 Orte in und um Passau, die man gesehen haben muss
ISBN 978-3-7408-0733-7

Cornelia Ziegler
111 Orte rund um München, die man gesehen haben muss
ISBN 978-3-7408-0437-4

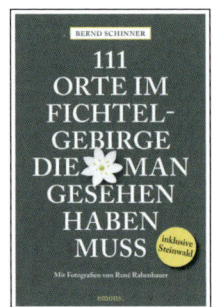

Bernd Schinner, René Rabenbauer
111 Orte im Fichtelgebirge, die man gesehen haben muss
ISBN 978-3-7408-0741-2

Eva Krötz
111 Orte im Oberpfälzer Wald, die man gesehen haben muss
ISBN 978-3-7408-0331-5

Lust auf mehr? Laden Sie sich die »LChoice«-App runter, scannen Sie den QR-Code und bestellen Sie weitere Bücher direkt in Ihrer Buchhandlung.

Dank

Viele haben uns geholfen und uns mit Tipps versorgt. Stellvertretend für alle danken wir Martina Esberger, Dr. Bernhard Pfeifer und Lisl Tradinik. Unser großer Dank gilt Renate Neusser, die ein wandelndes Auskunftsbüro ist, wenn es um besondere Plätze und Bauten geht. Vor allem aber hat sich Mag. Elisabeth Grimus unermüdlich für unser Buch eingesetzt, hat inspiriert, recherchiert und korrigiert – herzlichen Dank, Elisabeth. Last but not least sagen wir Danke an die 111-Orte-Projektleiterin Sonja Erdmann vom Emons Verlag, ihr tolles Team und an Saskia Römer für das hervorragende Lektorat.

Günther Pfeifer wurde in Hollabrunn geboren, lernte ein Handwerk und war Berufssoldat. Er schreibt für Magazine, außerdem Theaterstücke und Kriminalromane. Er lebt in Grund, einem kleinen Dorf im Weinviertel.

Gerhard Hohlstein wurde im Weinviertel geboren und kultiviert, beobachtet seit Langem Land und Leute – auch mit der Kamera. Als Hobbyhistoriker ist er ständig auf Spurensuche und erforscht die Eingeborenen in ihrer natürlichen Umgebung – beim Heurigen.

Franziska Wohlmann-Pfeifer ist Weinviertlerin mit Wiener Migrationshintergrund. Sie war Volksschuldirektorin und leitet seit über 30 Jahren das »Theater Westliches Weinviertel«. Mit der Kamera konzentriert sie sich auf Natur und Landschaft.